Das Heldenbrevier der Gestade des Gottwals

Reiseberichte aus Thorwal und dem Gjalskerland

Impressum

Verlagsleitung
Thomas Michalski

Redaktion
Nikolai Hoch

Autorin
Carolina Möbis

Lektorat
Frauke Forster, Nikolai Hoch

Korrektorat
Bettina Ain

Künstlerische Leitung
Nadine Schäkel

Coverbild
Janina Robben und Nadine Schäkel

Innenillustrationen
Katharina Niko

Satz, Layout und Gestaltung
Jörn Aust

Layoutdesign
Thomas Michalski, Nadine Schäkel, Patrick Soeder

Mitarbeiter Ulisses Spiele
Zoe Adamietz, Jörn Aust, Philipp Baas, Mirko Bader, Steffen Brand, Bill Bridges, Simon Burandt, Alina Conard, J-M DeFoggi, Trisha DeFoggi, Carlos Diaz, Nico Dreßen, Christiane Ebrecht, Christian Elsässer, Cora Elsässer, Thomas Engelbert, Simon Flöther, Frauke Forster, Christof Grobelski, Kai Großkordt, Markus Heinen, Nils Herzmann, Nikolai Hoch, Nadine Hoffmann, David Hofmann, Curtis Howard, Jan Hulverscheidt, Nadine Indlekofer, Philipp Jerulank, Kirk Kading, Johannes Kaub, Nele Klumpe, Anke Kühn, Christian Lonsing, Matthias Lück, Julia Metzger, Thomas Michalski, Carolina Möbis, Carsten Moos, Johanna Moos, Phillip Nuss, Dominik Obermaier, Sven Paff, Stefanie Peuser, Felix Pietsch, Marlies Plötz, Markus Plötz, Stephan Pongratz, Elisabeth Raasch, Nadine Schäkel, Maik Schmidt, Ulrich-Alexander Schmidt, Thomas Schwertfeger, Alex Spohr, Anke Steinbacher, Stefan Tannert, Maximilian Thiele, Katharina Wagner, Jan Wagner, W. Gwynn Wettach, Carina Wittrin, Kai Woitczyk

Damit unsere Texte flüssig zu lesen sind, verzichten wir darauf, in jedem Textabschnitt alle Geschlechtsformen zu erwähnen. Aventurien ist ein Kontinent der Vielfalt, in dem sowohl Männer, Frauen als auch alle anderen Geschlechter Teil des Alltags sind. Wir bemühen uns deshalb, geschlechtsspezifische Ausdrücke zu mischen, damit diese Vielfalt nicht vergessen wird. Wann immer du also bei allgemeinen Aussagen eine bestimmte Geschlechtsform liest, kannst du diese durch jede andere ersetzen. In den Fällen, in denen das Geschlecht entscheidend ist, wird dies im Text gesondert ausformuliert.

Mit Dank an Nikolai Hoch und Alex Spohr.

Das Heldenbrevier der Gestade des Gottwals

Reiseberichte aus Thorwal und dem Gjalskerland

von

Carolina Möbis

Inhalt

Sing, Skalde, und gib uns Kunde von der Kunst des Norri, dem Bilderstecher,
Der lernte bei Ingirvald, Beorns Sohn, die Runen zu malen voll Zauber und Segen.

Als sein Schiff brach im Sturm, da verschwor sich den Göttern Norri, des Karvens Sohn.
Swafnirs Werk tu ich, gelobt er in höchster Not, nie will ich weichen vom Weg, will widmen meine Kunst den Ewigen, gewähren sie Gnade mir zu dieser Stunde.

Von da an spricht des Schicksals Stimme aus seinen Bildern, beredt und stumm zugleich.
Der Gottwal selbst führt die Finger ihm, seither weiß Norris Nadel
den Willen des Wissenden.

So mancher tapfere Bursche zog aus zu begehren ein Hautbild von huldvoller Hand.
Doch Hrunir gleich eilt Norri, der Schicksalskünder, von Ort zu Ort,
Zu lenken, zu führen die wahren Rekker der Runjas auf den Weg des Wagemuts.
Auf dass ihr Schicksal alsbald sich erfülle, wenn sie durchwandern des Lebens Launen
wie das Schiff auf den Wellen.

Doch frage nicht Norri nach einem Bilde, und wähle weise den Wunsch.
Denn Ruhm erringt nur, wer vor dem Wagnis nicht wankt, wenn die Wogen hereinbrechen
mit stürmischer Macht.

Wer verzagt, zahlt in Blut des Hochmuts kummervollen Preis.
Denn nie glitt Kunde von Norris Lippen, wer ihm zu Hilfe kam und schützend die Hand über sein Haupt legte
im alles zerstörenden Sturm.

Swafnirs Wille sei sein Werk, so sagen die Weisen, so gibt der Godi kund.
Doch was wahrhaftig sei, wissen Ifirns Töchter allein.

—Gedicht des Skalden Ingmar Rogersson, vorgetragen zum Sumarblot 2668 JL in Varnheim

I

Ein Tulamide in Mortakh

Brief des Geschichtenerzählers Amud al'Alam ibn Faramud abu'l Ketab ibn Rashman ibn Hammed ay Zorgan an Yamira saba Harizeth:

O lieblichste Rose der rahjanischen Gärten! Ich hoffe, du sorgst dich nicht allzu sehr um diesen schreibfaulen Wandersmann, welcher das Glück hat, dich Licht des Morgens und des Abends seine Freundin nennen zu dürfen. Ich denke viel an euch und hoffe, euch bei meiner Rückkehr alle bei guter Gesundheit zu finden. Ich hoffe, deine Kinder – mögen die Götter ihre schützende Hand über sie halten – mögen die geschnitzten Puppen, die ich ihnen von Nostria aus übersandte.

Empfange auch meinen untertänigsten Dank für die Gelder, die du mir über die Nordlandbank bereitstelltest. Dank ihrer konnte ich eine sichere Weiterreise ins Land der Gjalsker unternehmen. Inzwischen bin ich im Norden angekommen. Doch scheine ich dem Ziel meiner Reise, dem Tal des Blutes, noch fern zu sein. Aber lass mich dir von den Eigentümlichkeiten dieses rauen Landes berichten, wo stets ein kalter Wind pfeift und einen selbst abends am Kaminfeuer noch der salzige Seewind in der Nase kitzelt.

»Ich bin Maighread brai Criosaidh, Durro-Torrak-Dûn vom Haerad Mortakh, geboren am 2. Tag der Reife im Mond des Sturms im Jahr 2399 nach der Großen Schlacht. Der Geruch, der dich umgibt, stammt von einer Blüte, aber von keiner, die ich kenne. Daher sage mir, was für eine Pflanze hat diesen Duft hervorgebracht?«

Mit diesen Worten stellte sich mir die Durro-Dûn vor. Das geschah am 5. Efferd 1042 nach dem Falle Bosparans in Mortakh.

Sie war wie die anderen Kriegerinnen ihres Dorfes gekleidet. Ein wollener Rock, den sie Eudach nennen, von einem breiten Gürtel gehalten, war das zentrale Kleidungstück. Ihre Brüste hingegen bedeckte sie gar nicht, ebenso wenig wie die anderen Gjalsker, die ich unterwegs getroffen hatte. Allenfalls dienten Wollumhänge oder Felle als Kälteschutz, wenn der Wind abends auffrischte. Ganz unabhängig ihres Geschlechts gewandeten sich alle gleich, und niemand schien einen Sinn in übermäßiger Verhüllung zu sehen. Nicht, dass ich es beklagte. Die starken Körper dieser Nordmenschen, von einem Leben in der Wildnis und dem steten Kampf mit den übermächtigen Gewalten der Natur gestählt, wussten das müde Auge zu erquicken.

Trotz dieser rauen Freizügigkeit war es nicht ihr muskulöser Oberleib, der meinen Blick anzog, sondern ihr Haar, das wie reines Kupfer in der Sonne glänzte. Wie die meisten ihres Volkes trug sie es in Zöpfen, doch diese waren nicht geflochten, sondern absichtlich verfilzt. Das, was bei uns ein Barbier angewidert vom Kopf geschoren hätte, wurde hier kunstvoll gepflegt. Mir scheint, die Gjalsker kalken ihre Haarpracht, um den Zöpfen größere Festigkeit und mehr Volumen zu verleihen. Dadurch und durch ihren athletischen Gang erinnern mich insbesondere die gestählten Krieger mitunter an pirschende Berglöwen.

Maighreads helle Augen musterten mich mit ebensolch forscher Neugier, wie ich sie bei ihrem Anblick empfand. Auf ihrer Nase und den Wangen waren kleine braune Punkte verteilt, wie winzige versprühte Farbspritzer.

Welcher Vergleich könnte ihre Natur wiedergeben? Für eine ätherische Fee war Maighread zu handfest. Doch schien sie mir auf seltsame Art nicht ganz von dieser Welt zu stammen. Wie wenig ahnte ich in diesem flüchtigen Augenblick, welche Bedeutung sie für mich haben würde. In diesem Moment war sie für mich eine Fremde unter zahllosen anderen Fremden. Eine, die in mir kaum mehr sah als ein exotisches Tier.

Geduldig erklärte ich der Tochter dieses rauen, kargen Landes, woher der Geruch stammte, den sie an mir wahrnahm. Es war eine Seife, parfümiert mit ätherischen Ölen meiner Heimat, welche die Haut aufs Vortrefflichste pflegen. Ich machte den Witz, dass wir Menschen im Gegensatz zu den Elfen unseren Teil aktiv tun müssten, um unsere Jugend zu erhalten, aber sie reagierte darauf mit Unverständnis. Vom geheimnisvollen Volk aus den Wäldern und Steppen schien sie nicht viel zu wissen.

Ihre Nasenflügel zogen sich immer wieder zusammen, während sie mit mir sprach. Sie schien prüfend die Luft einzusaugen, einem Schwein gleich, das unter dem Gras nach schmackhaften Wurzeln suchte. Erst später sollte ich begreifen, wie nah ich mit diesem Gedanken der Wahrheit kam und dass dies eine typische Eigenart darstellte. Sie nimmt beständig Witterung auf, vor allem in fremder Umgebung oder wenn sie mit etwas Neuem konfrontiert wird.

In diesem Fall war ich die Neuheit, die ihr Interesse erregte. Kein Wunder. Mit meiner Haut so braun wie der karge Boden des Hochlands und dem nachtschwarzen Haar und den dunklen Augen musste ich ihr wie eine Märchenfigur erscheinen, vielleicht wie ein Prinz aus fernen Ländern. Doch da schmeichelte ich mir, denn ihre nächste Frage war, ob ich ein Zwerg sei. Welch' Unverschämtheit! So viel kleiner als diese Nordländer bin ich nun auch nicht. Nur weil die wie jene Baumstämme, die sie so gern bei Wettspielen werfen, aus dem Boden schießen. Doch da ich wusste, dass sie es nicht böse meinte und in ihrem hinterwäldlerischen Leben wohl nie einen Zwerg gesehen hatte, geschweige denn einen Tulamiden, verzieh ich ihr den Vergleich.

Ich trug schon längst nicht mehr die Kleidung meiner lieblichen Heimat, sondern hatte sie auf meiner Reise in den Norden gegen wollene Unterkleider und einen Mantel aus gewalktem Loden eingetauscht. Dennoch spähte ich inzwischen neidvoll auf die Waren der Pelzhändler. Es war gerade erst Efferd, doch wenn erst Firuns eisiger Atem über die kargen Steppen fegt, wollte ich so warm eingepackt sein wie nur möglich.

Überhaupt bewunderte ich, mit welcher Leichtigkeit die Menschen hier den unvermeidbaren kalten Wind ertrugen. Auch Regen schien ihnen wenig auszumachen. Während mir jeder kalte Lufthauch in die Kleider kroch, taten die Gjalsker, als sei noch Sommer.

Überhaupt sind sie ein eigenartiger, nachgerade eigenbrötlerischer Menschenschlag. Sie sind nicht unfreundlich, eher wortkarg. Immerhin schlägt mir kein übermäßiges Misstrauen entgegen. Doch die Zurückhaltung dieser Leute ist wie eine unsichtbare Mauer, an der ich ebenso wie an ihrer verqueren Sprache scheitere. Aber ich mag es, sie reden zu hören. Ihre Sätze klingen melodisch, bisweilen fast wie ein eigentümlicher Singsang. Doch trotz all meiner Mühen verstehe ich kaum ein Wort. Nur die wenigsten unter ihnen verstehen Garethi. Am ehesten kam ich noch mit reisenden Pelzhändlern ins Gespräch, die es mal bis nach Tjolmar ins Svelltland verschlagen hatte. Aber auch diese Konversationen waren so karg wie das Hochland selbst.

Daher ließe sich der Umstand, dass mir niemand Auskunft über das Tal des Blutes geben wollte, mit der sprachlichen Hürde erklären, doch ich war bereits sicher, dass noch mehr dahintersteckte. Wie zufällig verloren meine Gesprächspartner jegliche Kenntnisse des Garethi, sobald ich das Thema anschnitt. Meine Frustration stieg, und ich begriff nach und nach, dass es nicht ausreichte, lediglich hierher zu kommen. Ich musste ihre Sprache lernen, ihre Gebräuche verstehen und vor allem Freundschaften schließen.

Deswegen gab ich mir alle Mühe, Maighread in ein Gespräch zu verwickeln. Sie war neugierig genug, sich zu mir zu setzen, und sprach ausreichend, vor allem aber sehr entschlossen Garethi. Mit dem zusätzlichen Einsatz von Gesten und Mimik konnten wir uns leidlich gut verständigen, wie ich beglückt feststellte. Freimütig berichtete sie mir, dass sie ihre Sprachkenntnisse auf einer Reise erworben hatte. Nahe

Enqui hatte sie eine Bauernfamilie vor einem Feuer gerettet und ein Freund dieser Familie, ein thorwalscher Bilderstecher, hatte sich mit einem Hautbild revanchiert, welches sie mir voller Stolz zeigte. Eigentlich hatte sie sich das Zeugnis ihrer Tat erst zu Hause stechen lassen wollen, doch hatte der Thorwaler sie mit dem Angebot überredet, ihren Ruhm nach Art der Gjalsker zu verewigen, sodass sie das Ehrenzeichen bei ihrer Rückkehr vorzeigen könne.

So habe sie den Bilderstecher nach längerer Diskussion gewähren lassen, nachdem er ihr bewiesen hatte, dass er in der Lage war, die Kunst auch den Traditionen der Gjalsker entsprechend auszuüben. Nur seine seltsamen Ideen habe sie abwehren müssen.

So hatte er ihr doch tatsächlich einen Wal auf die Schulter stechen wollen. An dieser Stelle schüttelte sie den Kopf und untermalte ihre Geste noch mit einem empörten Schnauben. Diese Barbaren wüssten offenbar nicht, dass Zwanfir die Seelen der ehrenvollen Toten in sich aufnimmt, und es wäre nicht angebracht gewesen, einer jungen Kriegerin wie ihr, die noch mitten im Leben stand, so früh bereits eine Widmung an den Unbarmherzigen auf die Haut zu malen. Welch' schlechtes Omen sei dies doch. Sie ließ sich noch ein wenig darüber aus, dass die Thorwaler in ihrer Gesamtheit elende und ehrlose Barbaren waren. Immerhin der Bilderstecher sei aber ganz umgänglich gewesen und habe sich ehrenvoll verhalten. Daher hatte sie ihm das Bild gestattet. Schließlich erinnerte es an eine Ruhmestat. Zumindest habe er gar nicht

erst versucht, die geschmacklosen bunten Farben der Thorwaler zu verwenden.
Auf ihrer Schulter prangte nun ein Wildschwein, das durch eine Wand aus Flammen stürmte. Zunächst betrachtete ich das Bild mit Interesse, das allein der Höflichkeit geschuldet war, hatte ich doch inzwischen die typischen graugrünen Hautbilder der Stammeskrieger jedweden Geschlechts zur Genüge bewundern können. Doch die Art, wie die Flammen sich formten, machte mich stutzig.
Also fragte ich sie nach dem Namen des Bilderstechers. Sie musste mein Stirnrunzeln bemerkt haben, denn ihre Augen wurden schmal, und wieder zog sie den Atem stoßweise durch die Nase. Dadurch erinnerte sie mich einmal mehr an ein schnüffelndes Tier. Offenbar interpretierte sie meine Nachfrage völlig falsch. Aber trotz ihres Misstrauens nannte sie mir den Namen des Urhebers: Norri Karvensson.
Ich lächelte. Dann zeigte ich ihr das Hautbild auf meinem Unterarm, das Buch mit der Feder, umgeben von einem Sonnenkranz. Die Flammen der Sonne und die Feuerlohen des Wildschweins ähnelten einander so sehr, dass es kein Zufall sein konnte. Ich beschrieb ihr den Mann, der mir dieses Bild gestochen hatte.
Sie erkannte ihn in meiner Schilderung wieder, so wie ich den Namen erkannt hatte. Nur hatte ich mitnichten eine Heldentat begangen. In einer windigen Kaschemme in Salzerhaven hatte ich bei verwässertem Bier eine Geschichte zum Besten gegeben, ganz wie es sich für einen tulamidischen Geschich-

tenerzähler wie mich, einen Haimamud, geziemt. Norri war unter den Zuhörern gewesen. Die Geschichte von Nedime, der Kalifentochter, und Alrik Plötzbogen hatte ihn über Gebühr mitgerissen, und so schleppte er mich freudestrahlend noch am selben Abend in eine bessere Taverne, wo sogar Wein gereicht wurde. Er gab mir Getränke und Speisen aus, und ich ließ es mir gut gehen. Noch viele Geschichten glitten an diesem Abend von meiner schwerer werdenden Zunge. Mir gefielen sein Lächeln, seine volltönende Stimme und die Art, wie er den Kopf beim Lachen in den Nacken warf. Ich bin nicht sicher, was an diesem Abend alles passiert ist, aber am Tag darauf waren wir innig wie Brüder.

Wir verbrachten ein paar angenehme Stunden in Salzerhaven, bis er mir berichtete, dass er in den nächsten Tagen ein Schiff erwartete, was ihn weiter in den Süden bringen sollte. Ich hingegen hatte ihm längst von meiner Suche nach den Beni Nurbad und ihren Sagen berichtet und auch, dass ich ins Tal des Blutes wollte, um dort im Land der Gjalsker mit meiner Spurensuche zu beginnen. Da bestand er darauf, mir einen Talisman mitzugeben. Ein Hautbild, das mir auf meinen Reisen ein Begleiter sein sollte. Weil ich, wie er sagte, die Sonne im Herzen trug, solle ich sie nun auch auf meiner Haut tragen. Denn dort, wohin ich wollte, so sprach er, gebe es nicht immer allzu viel davon.

Ich hatte schon von den abergläubischen Eigenarten der Thorwaler gehört und versuchte auf freundlichem Wege, ihn von diesem Ansinnen abzubringen. Dadurch schien er nur entschlossener zu werden. So willigte ich schließlich ein. Inzwischen bin ich dankbar für die Erinnerung an unsere gemeinsame Zeit, so kurz sie auch war. Vielleicht genau deswegen, weil sie so kurz war. An die schmerzhafte Prozedur hingegen erinnere ich mich nicht so gern.

All dies berichtete ich meiner neuen Zufallsbekanntschaft. Ich bin nicht sicher, ob sie alles verstand; bisweilen nickte sie, manchmal legte sie jedoch nur den Kopf schief und starrte mich intensiv an, so als wolle sie die Gedanken mit purer Willenskraft aus meinem Kopf zerren.

Als ich ihr jedoch zu verstehen gab, dass ich während der Reise hierher ins Hochland das Hautbild aufs Genaueste studiert hatte und dass ich glaubte, in den Flammenmustern ihres Bildes und auch des meinen fremde Schriftzeichen zu erkennen, da wurde sie wild wie eine Stechfliege vor dem Gewitter.

Mir war sie nicht gefährlich, aber sie sprang auf, schritt einige Male unruhig auf und ab, verlangte, meinen Arm zu sehen, glich unsere Bilder mehrere Male miteinander ab und murmelte dabei vor sich hin. Dem Tonfall nach handelte es sich wohl größtenteils um Flüche.

Wie wenig ahnte ich, dass dies nicht die einzigen Flüche bleiben würden.

Mortakh, das sich rühmt, eine der traditionsreichsten Siedlungen des Landes zu sein, ist nach den Maßstäben meiner Heimat gerechnet nicht viel mehr als ein Kuhkaff. Aber als ich ihr von Zorgan erzählte, fragte sie mich, ob dies auch so groß

sei wie Mortakh. Ich wusste kaum, was ich darauf antworten sollte. Ich schilderte ihr das ewig lärmende Marktgetümmel der Heimat, beschrieb ihr die glänzenden Kuppeldächer der Tempel, erzählte von den Gärten, wo Rosen und Jasmin die Sinne verwöhnen. Doch ich befürchte, sie konnte sich das alles nicht vorstellen. Im besten Falle glaubt sie, dass unser schönes Land und unsere geliebte Stadt Zorgan wie meine Seife riechen.

Mortakh ist nach allem, was ich hörte, eine der Gründungssiedlungen des Gjalskerlandes, und doch besteht sie lediglich aus einfachen Hütten. Diese sind allesamt einstöckig und mit Ried und Moos gedeckt. Diese flachen Häuser aus Bruchstein sollen den ewig wehenden Wind abhalten und erinnern mich an Pilze, die sich aus dem Boden geschoben haben, nur um sich am liebsten wieder darin zu verkriechen. Da immer wieder Orkbanden durch die öden Landstriche ziehen, werden die Siedlungen zumeist von einem Palisadenwall geschützt, der zusätzlich mit scharfblättrigem Messergras bepflanzt wurde. So auch hier.

Es gibt meistens nur einen Weg hinein und hinaus. So können die Dörfler aufs Genaueste kontrollieren, wer ihre Siedlung betritt. Nicht dass ein Fremder eine bessere Möglichkeit hätte, sich in einer Gjalskersiedlung zu verstecken, als eine Kuh im Badehaus. Hier kennt jeder jeden und Fremde werden mit unverhohlener Neugier angestarrt. Misstrauen schlägt mir hin und wieder entgegen, aber im Allgemeinen halten die Gjalsker viel von Gastfreundschaft.

So kam ich auch für die Nacht in Maighreads Hütte unter. Ihrer Familie musste sie meinen Aufenthalt erst einmal schmackhaft machen, doch als ich eine meiner Geschichten zum Besten gab, die Maighread bereitwillig für ihre jüngeren Geschwister und die Großmutter übersetzte – alle anderen gingen draußen noch ihrem Tagwerk nach – brach das Eis schnell. Man bot mir heiße Fleischbrühe an, um mich bis zur Abendmalzeit bei Kräften zu halten.

Solche Gastfreundschaft zeichnet die Gjalsker auch allgemein aus, selbst wenn ihnen das Lob Travias nicht über die Lippen kommt. Die Einwohner von Mortakh scheinen größtenteils von kriegerischem Wesen zu sein, hoch vom Wuchs und mit Schultern so breit, dass sich ein Ochse nicht schämen müsste. Mit ihren verschlungenen, ornamenthaften Hautbildern, dem zu dicken Zöpfen kunstvoll verfilztem Haar und den kantigen Gesichtszügen strahlen sie das Selbstbewusstsein erfahrener Kämpfer aus, die sich vor Fremden nicht fürchten müssen. Wer würde schon auf die Idee kommen, diesen Leuten Ärger machen zu wollen?

Man trifft nicht viele von ihnen auf den Feldern an. Ich sah in der Nähe der Siedlung einige kärgliche Äcker, aber das ist kein Vergleich zu den goldenen Kornkammern der Heimat. Daher decken sie ihren Bedarf wohl über die Jagd; allerdings sah ich auch einige Schafsherden, die sie bei Gefahr mit in die Siedlung hineinnehmen können.

Kein Wunder, dass hier alles ein wenig strenger riecht, als meine verwöhnte Nase es kennt. Denke nicht, die Gjalsker

wären nicht reinlich. Ich sah nicht einen unter ihnen, der schmutzig war. Doch alles, was nicht aus Holz ist, stammt vom Schafe. Das Fleisch in ihren Kesseln, die Wolle ihrer Kleidung, ihre Decken, Teppiche und Wandbehänge. Und was nicht aus Wolle ist, das ist aus Leder und Pelz gefertigt.
Als ich nach einem Händler fragte, erklärte man mir allen Ernstes, dass vielleicht alle paar Monate eine Händlerin der Norbarden mit Waren komme. Die bringe Töpfe aus Eisen und andere Werkzeuge aus Metall. Da sei es um Mortakh noch gut bestellt. In anderen Siedlungen, die übrigens Haeradi genannt werden, komme höchstens einmal im Jahr ein Wanderhändler vorbei. So haben diese Leute das Handwerk selbst gemeistert. Häuser werden gemeinschaftlich errichtet, und auch alle anderen Gegenstände des täglichen Bedarfs erschaffen sie aus Sehnen und Häuten von Tieren, aus Baumrinde, Stein, bröckligem Erz, das sie im Hochland sammeln, oder eben aus Wolle.
Hier an diesem Ort nun hatte ich Maighread getroffen, eine Durro-Dûn. Das ist eine Art Kriegertum. Für eine genauere Schilderung wirst du dich noch gedulden müssen, o Tochter der Neugier. Mehr wusste ich damals nämlich auch nicht. Ich will die Überraschung, die mich erwartete, nicht vorwegnehmen.
Nachdem ich dir nun mit meinen Worten ein Bild der Menschen des Nordens gemalt habe, wird es dir leichter fallen, die nachfolgenden Ereignisse zu verstehen, in erster Linie Maighreads eigentümliche Reaktion auf meine Bemerkungen über die Schriftzeichen unserer Hautbilder.

Wenn du glaubst, dass unsere Bauern daheim abergläubisch seien, dann hast du noch keinen Gjalsker getroffen. Was ich für einen kuriosen Zufall hielt, ließ die Tochter der Erde mit dem Haar wie Feuer nicht los. Sie wich seitdem nicht mehr von meiner Seite.

Einige Male redete sie schnell auf mich ein, aber ich verstand nur wenige Brocken. Allerdings konnte ich heraushören, dass sie das Wort *Brenchi-Dûn* wiederholte. Dabei scheint es sich, soweit ich das verstanden habe, um weise Menschen zu handeln. Älteste, die über viel Einfluss auf ihre Sippen verfügen. Später erfuhr ich, dass diese Eingeweihten in der Lage sein sollen, mit Tiergeistern zu sprechen, die man hier Odûn nennt. Sie verfügen über Kräuterwissen und sind angeblich imstande, den Willen der Götter zu interpretieren. Ich wage nicht, sie Geweihte zu nennen, folgen die Gjalsker doch völlig anderen Gottheiten als den gepriesenen Zwölfen.

Wie dem auch sei, es gelang mir nicht, mich gegen den Besuch bei einem solchen weisen Mann zu wehren. Seitdem ich das Wort *Schriftzeichen* im Zusammenhang mit dem Hautbild erwähnt hatte, erinnerte mich Maighread an Milch in einem heißen Topf. Jeden Moment konnte sie überkochen.

In der Hütte roch es nach Talg, Räucherharz und getrockneten Kräutern. Unter der Decke baumelte eine große hölzerne Trommel. Das darüber gespannte Leder wies die verschlungene Darstellung einer sich windenden Schlange auf. Der Brenoch-Dûn selbst trug Schlangenhäute in die Zöpfe geflochten. Sein von zahllosen Runzeln zerfurchtes Gesicht sah so alt aus wie die Zeit selbst. Doch seine lebendigen Augen zeugten von einem ungebrochenen Willen.

Ohne Eile besah er sich unsere Hautbilder, dann gab er uns zu verstehen, dass wir am nächsten Tage bei Sonnenaufgang wiederkommen sollten.

Auch an diesem Abend wurde ich meine neue Begleitung nicht los. Unter anderen Umständen hätte ich mich darüber gefreut, mich einmal nicht ganz so allein zu fühlen wie in den Wochen zuvor, doch ich ahnte, dass sie vor allem bei mir blieb, damit ich nicht wie die Maus vor dem Falken über Nacht die Flucht ergriff. Ich verstand nicht, warum sie das annahm. Aber selbst ich, der ich die Frauen nicht immer zu lesen vermag – wie du selbst aus Erfahrung weißt – erkannte, dass ihr die ganze Geschichte Sorgen bereitete.

Schließlich fasste ich mir ein Herz und fragte sie nach dem Grunde. Da waren wir beide von Maighreads Eltern schon mit einem kräftigen Fleischeintopf umsorgt worden und mutig hatte ich sogar etwas von der vergorenen Schafsmilch probiert, die man als Nachtisch reichte. Das Getränk ist gewöhnungsbedürftig und hat eine recht cremige Konsistenz. Man hatte mich zuvor davor gewarnt, es zu probieren, aber ich muss gestehen, so schlimm war es gar nicht. Wenn die Kehle wochenlang darben muss und Wein nur noch eine sentimentale Erinnerung ist, dann schmeckt plötzlich auch vergorene Milch nicht mehr so schlecht. Ein paar Becher davon stiegen mir heiß zu Kopf und so wagte ich es, der

Flamme von Mortakh, wie ich meine Begleiterin innerlich nannte, meine Frage zu stellen.

Sie antwortete mir darauf, dass solche Schriftzeichen, Runen genannt, nur von den Brenchi-Dûn aufgetragen und verstanden werden könnten, und dass der Hautbildstecher Norri sich da einen Frevel angemaßt habe, den sie und ich nun zu unser beider Schande auf unserer Haut trügen.

Daraufhin beschloss ich, mein Schreibzeug sorgfältig zu verbergen. Nachher hält man mich auch noch für einen Frevler, nur weil ich einen Brief an dich schreibe. Die Nachricht dieses Umstands sorgte auch beim Rest der Familie für Verstimmung, doch mit meinen Geschichten konnte ich die Stimmung ein wenig aufbessern. Nach und nach kamen sogar noch einige Nachbarn und Freunde in die Hütte und schließlich das halbe Dorf, denn es sprach sich herum, dass der seltsame Fremde unterhaltsame Geschichten zum Besten gab. Jene Dörfler, die des Garethi mächtig waren, übersetzten bereitwillig, damit alle die Geschichte von Arkos Schah hören konnten oder die von der gewitzten Aylalind, die mit einem einfachen Feldstein bewaffnet die Schatzkammer des Sultans ausräumte.

Obwohl die Hütte bald schon voller war als ein Krug Datteln, wurde niemand abgewiesen. Bereitwillig rückten die Leute immer enger zusammen, damit jeder neue Gast noch einen Platz zum Sitzen fand. Erst als meine Stimme heiser war, gönnte man mir wohlwollend ein paar Stunden Schlaf.

Gemeinsam mit den Hausbewohnern schlug ich mein Lager am Feuer auf. Eigene Schlafräume gab es nicht.

Wie ein ungebetener Gast, der wütend Einlass begehrte, heulte draußen indes der Wind um die Hütte. In sein Jaulen mischten sich bisweilen dumpfe Trommelschläge. Als ich aufhorchte, neigte sich Maighread, die neben mir nächtigte, zu mir herüber und flüsterte mir zu: »Daragh, der Brenoch-Dûn, trommelt in seiner Hütte, um Sindarras Weisheit zu erflehen und mit den Ahnen zu sprechen.« Du musst wissen, die Gjalsker verehren diese Sindarra als Göttin der Weisheit und der Magie, wie mir Maighread am nächsten Tag berichtete.

Ich lag noch eine Weile wach, doch dann wiegte mich Maighreads leises Schnarchen in den Schlaf.

Kaum drang der erste schwache Lichtstrahl in die Hütte, rüttelte mich die Kriegerin wach. Ich ergab mich in das Unvermeidliche, denn Maighread ist wie eine Naturgewalt. Hat sie sich einmal etwas in den Kopf gesetzt, lässt sie nicht mehr davon ab. So stapfte ich schließlich frierend und blinzelnd wie eine Eule im grauen Dämmerlicht des neuen Tags zur Hütte des Brenoch-Dûn.

Meine Begleiterin öffnete den Mund, um uns anzukündigen, da trat der Alte schon vor die Tür. Sein Gesicht verriet keine Regung, als er uns zunickte. Dann teilte er uns die Weisheit der Ahnen mit. Die Ahnen hatten sich leider nicht dazu bewegen lassen, die Bedeutung unserer Hautbilder zu offenbaren. Doch war der Brenoch-Dûn nun sicher, dass es sich

bei der Schrift möglicherweise um eine Warnung handelte. Die Zeichen stammen nicht von den Gjalskern, doch die Ahnen maßen ihnen eine Bedeutung bei, die entschlüsselt werden sollte.
Daher empfahl er uns, eine andere Brancha-Dûn aufzusuchen – so nennt man hier die weiblichen Eingeweihten –, die mehr als er und fast jeder andere der Brenchi-Dûn in der Welt herumgekommen sei. Trotz ihrer Jugend eile ihr Ruf ihr voraus.
Uns, die wir durch die Hautbilder verbunden waren, oblag es nun, jene weise Frau ausfindig zu machen. Ihr Name sei Ygrain brai Deardra.
Maighread erblasste bei diesen Worten. Doch war der Wille des Alten wohl Gesetz für sie, und so nickte sie schicksalsergeben. Von da an ging alles furchtbar schnell. Das Packen und die Verabschiedung von Familie und Dorf nahmen nur wenige Stunden in Anspruch. Die Sonne noch nicht im Mittag, brachen wir schon auf.
Plötzlich war ich mittendrin in einer Geschichte, wie ich sie sonst nur erzähle. Bevor ich überhaupt verstanden hatte, was ich eigentlich mit der ganzen Angelegenheit zu schaffen hatte, war ich Teil einer Queste, die uns die Ahnen der Gjalsker auferlegt hatten. Aber immerhin sah ich einen Lichtblick am Horizont. Wenn diese Ygrain so weit herumgekommen war, dann sprach sie hoffentlich Garethi. Und wenn sie jung war, dann war aus ihr vielleicht mehr über das Tal des Blutes und die Ursprünge der Besiedlung dieser

Lande herauszubekommen als aus all diesen alten Geheimniskrämern, die das Wissen um die Kultur ihrer Ahnen allzu eifersüchtig hüten.
Wann ich diesen Brief an dich übersenden kann, steht in den Sternen. Nichtsdestotrotz gedenke ich eurer, bete, euch bei meiner Rückkehr sämtlich wohlauf zu finden, und hoffe, dass auch ihr mich in eure Gebete einschließt.

Dein Amud

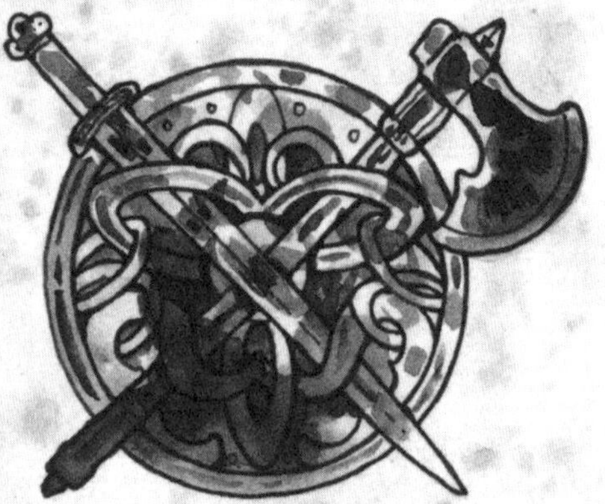

II

Der Liebling der Runjas

Kendrar ist schon ein besonderes Fleckchen. Musst du auch mal hingehen. Die nostrischen Häuser im Südteil haben oft ein zweites Stockwerk und sind dadurch höher als unsere Jolskrimi. Aber in der Länge, da gewinnen wir. Ja, das gibt immer einen Lacher. Aber die Art, wie die südländischen Häuser gebaut sind, kommt mir mit all den Balken und dem Putz sehr aufwendig vor. Ist bestimmt schwer zu reparieren. Oder man sieht die Ausbesserungen eben. Für uns hier im Norden wäre das nichts. Ja, du da drüben brauchst gar nicht so zu gucken, nur weil du aus Olport kommst. Auriler? Na, nahe genug ist es dran. Woher ich das weiß? Na, du siehst halt aus wie eine Robbe mit deinem runden Gesicht. Und du riechst auch so. Und du musst nicht auf Südthorwal herabblicken, die sind genauso der Norden wie ihr. Was bitte? Das hast du nicht gesagt! Hör mal! 'Tschuldigung, Leute, ich muss das kurz unterbrechen. Der Auriler will Prügel.

So! Bitte. Nein, lass, Junge. Das tut nicht weh. Gib mir einfach einen kalten Schinken und einen Kurzen. Und schieb dem Auriler auch einen rüber. Der geht auf meine Kappe. Prost.
So. Wo war ich? Ach ja, also der Süden. Die Nostrier sind halt ein bisschen seltsam, aber ich habe mir sagen lassen, inzwischen geht es mit ihnen. Kann ich jetzt nicht beurteilen, habe

wenig mit denen zu tun gehabt. Im Thorwalerviertel sind ja nicht so viele. Machen nette Backwaren, das muss man denen lassen. Und sie können auch ganz passabel Plattfisch auf den Tisch bringen. Also, für Nicht-Thorwaler. Daher ist das wohl alles schon ganz in Ordnung so.

Der Hetmann? Ja, der lebt wirklich in einem nostrischen Haus. Ist aber auch ein riesiges Haus. Und die Schnitzereien am Giebel könnten auch gut die Lagerhäuser vom Thorwaler Hafen zieren. Von daher merkt man schon, wo der Hetmann seine Wurzeln hat. Aber man merkt halt auch, wo er aufgewachsen ist. Mich geht das ja alles nichts an, ich wollte ja nur Onkel Liskolf besuchen. Geht ihm gut, danke der Nachfrage. Er meinte jedenfalls, das Geschäft liefe nicht schlecht. Am Hafen haben sie immer Bedarf für einen guten Zimmermann. Wird wohl jetzt dort bleiben.

Ob ich wieder etwas Komisches erlebt habe? Warum sollte ich jedes Mal irgendetwas Aufregendes erleben? Eigentlich ist überhaupt nichts Besonderes passiert. Jetzt, wo ich es laut sage, wundert mich das auch fast ein bisschen.

Das Hautbild? Ja, das ist neu. Schick, oder? Wenn ich den Arm anspanne, dann sieht es fast so aus, als ob der Wal gleich aus dem Wasser taucht. Also, das habe ich beim Würfeln gewonnen, wenn man so will. Sechs Runden Sieben Sauf und alle lagen unterm Tisch, außer diesem einen Kerl Norri und mir. Dazu muss man wissen, dass Swafnirtag war und wir natürlich den freudigen Anlass schon mit jeder Menge Met und Salzatran begossen hatten.

Also, am Ende jedenfalls waren nur noch Norri und ich und der siebte Krug Premer Feuer übrig. Und als wir so halbwegs durch sind – wir hatten inzwischen das Würfeln gelassen, sondern tranken jeder abwechselnd einen Schluck –, da schaut der mir tief in die Augen. Also Norri, nicht der Schnaps. Und er sagt zu mir: »Wenn du mich beim Saufen schlägst, dann stech' ich dir ein Hautbild, das man von hier bis Enskar bewundern wird.« Und ich lalle so: »Aber erst, wenn du wieder nüchtern bist!« Da lacht er, und mit einem zufriedenen »Das wohl!« nimmt er einen kräftigen Zug aus dem Krug und rutscht vom Stuhl, so als wenn ein Sack Rüben vom Karren fällt.

Ich sehe trotz des Schnapsnebels in meinem Kopf das Unglück kommen. Darum springe ich so heftig auf, dass die Bank unter mir umfällt, werfe mich nach vorn, der Länge nach über den Tisch, und kriege ihn gerade noch rechtzeitig zu packen. Also den Krug mit dem Premer natürlich. Und dann setz ich mich auf den Tisch und proste mir ob meines Sieges selbst zu, denn es ist ja keiner mehr da, der es mitbekommt, außer mir.

Dann wanke ich raus und erleichtere erst meinen inneren Wasserspeicher und dann meinen Magen ins Hafenbecken, weil das ein großartiges Geschenk ist, das dein Körper dir macht. Um ein Haar wäre ich dabei dem stinkenden Inhalt hinterher gefallen.

Da habe ich dann beschlossen, den Heimweg auf den nächsten Tag zu verschieben. Also schwankte ich wieder zurück in die Kneipe und fand unseren Tisch wieder. Deutlich erkennbar an der umgefallenen Sitzbank. Und dann machte ich es mir auf dem Tisch bequem. Da lag ich immerhin besser als die anderen auf dem Boden. Aber wir waren nicht die Einzigen, die Wirtin hatte vor Stunden aufgegeben, die Gäste nach Hause schicken zu wollen. Also mach ich die Augen zu und stimme in das allgemeine Gesäge ein.

Als ich am nächsten Tag aufwachte, lag eine wunderbare Schönheit in meinen Armen. Klar, der Krug, der war auch noch halb voll. Also bei mir ist der Krug immer halbvoll, nicht halb leer. Und mit diesem Optimismus bekämpfe ich auch die Kopfschmerzen in meinem Schädel und trinke erstmal ein bisschen Schnaps zum Wachwerden. Dann trete ich Hjordis in die Seite, denn ich habe Onkel Liskolf ja versprochen, auf den Jungspund aufzupassen. Das Mädel ist ja gerade erst siebzehn Sommer alt. Ich habe sie auch den ganzen Abend nicht aus den Augen gelassen. Jedenfalls, nachdem ich sie endlich wach bekommen hatte, schleifte ich sie durch den Morgennebel nach Hause, wo sie den Tag nach dem Swafnirtag ein bisschen bequemer verschlafen konnte.

Na, ich hatte die ganze Geschichte mit dem Hautbild schon fast vergessen, aber drei Tage später wummerte es an unsere Tür und Norri stand davor. Er sah immer noch ein bisschen blass um die Nase aus, aber seine Hände zitterten nicht mehr. Da habe ich mich vorher vergewissert!

Das Motiv war ganz klar, schließlich sollte es an den Swafnirtag erinnern. Aber ich sage euch, Norri hat mich jeden Stich doppelt spüren lassen. War vielleicht doch nicht so begeistert, dass ich ihn geschlagen hatte. Oder seine Fingerfertigkeit litt immer noch ein bisschen unter dem Premer. Aber das Bild ist eine Augenweide. Von daher hat sich das wohl alles gelohnt. Was weiß ich, ob das *der* Norri war. Wir haben zu Swafnirs Ehren getrunken und uns nicht unsere Lebenswege erzählt. Ist mir eigentlich auch egal, solange mir das Bild gefällt.
So, du flossenlahme Flunder, jetzt macht mal Platz. Der Krug Met da hinten will zur mir, also lasst den Schankburschen durch! Ja, ja, die Runde geht auf mich.
—Hjaldar Thorwulfsson im Glücklichen Zechpreller zu Thorwal

Wie ich Hjaldar Thorwulfsson kennenlernte
Ein Bericht von Swanhild Norrisdottir anlässlich eines Vortrags an der Runajasko zu Olport

Skolari, hört meine Worte. Heute spreche ich, Swanhild Norrisdottir, zu euch als eine Gandsmidra, die selbst einmal dort gesessen hat, wo ihr nun sitzt, und die einst ebenso eifrig den Worten der Meistari lauschte, wie ihr mir nun eure Aufmerksamkeit schenkt.

Doch ist mir zu Ohren gekommen, dass sich ein Großteil von euch mehr die Köpfe über meine Bekanntschaft mit einem Glückskind namens Hjaldar Thorwulfsson zerbricht als über die Feinheiten des Elementarbanns.

Da ich inzwischen die wildesten Gerüchte gehört habe, die hier in diesen Hallen die Runde machen, muss ich euch schelten. Wir Gandsmider sollten uns immer der Wahrheit verpflichtet fühlen und zwischen einer gut erzählten Geschichte und einer wahren Begebenheit unterscheiden. Damit ihr diesen Unterschied versteht, werdet ihr nun den Grund meiner Bekanntschaft mit Hjaldar aus meinem Munde erfahren, und ich kann euch jetzt schon sagen: Weder eine Seeschlange noch ein verfluchter Kelch der unglücklichen Liebe haben damit zu tun, aber wer unter euch sich das ausgedacht hat, wäre vielleicht auch in der Skaldenhalle gut aufgehoben. Von mir hört ihr nun bei Hrunjas und Hrunirs Atem die wahre Geschichte, wie sie sich zutrug.

Alles begann mit einem Hautbild, das ich am Tag nach meiner Stableite erhielt. Dazu müsst ihr wissen, mein Vater

Norri Karvensson ist ein Hautbildstecher. Er ist weit gereist zur See und zu Land und hat unzählige Orte inner- und außerhalb der Grenzen Thorwals gesehen. So manch einer trägt ein Kunstwerk meines Vaters stolz auf der Haut wie eine Trophäe, und so mag der eine oder andere von euch seinen Namen schon vernommen haben.

Aber zurück zu meiner Stableite. Ihr wisst ja sicher, was euch erwartet. Ihr sehnt und träumt den Tag herbei, an dem auch ihr euer Gandmerki erhaltet, so wie jenes, das ich hier auf meinem Oberarm trage.

Mein Vater war damals von dem Wunsch durchdrungen, selbst dieses ehrenvolle Hautbild für mich zu stechen, doch ihr wisst ja alle, dass dies unmöglich ist. Es ist unser ureigener Meister-Hamsbitari, der unsere Gandmerki auf unserer Haut verewigt, damit die Welt wisse, wer wir sind und welche Kraft uns durchströmt.

Doch bestand mein Vater darauf, mir zu jenem Anlass, dass ich nun eine vollwertige Gandkona war, ebenfalls ein Bild zu stechen. Ich wäre eine schlechte Tochter, hätte ich dem Wunsch meines Vaters nicht Respekt gezollt oder sein Geschenk mit Geringschätzung beachtet. So erhielt ich, kaum dass ich mein Gandmerki erhalten hatte, ein weiteres Hautbild, voller Details und Kraft, wie nur mein Vater es zu stechen vermag. Seht ihr das Drachenboot hier auf meinem Oberarm? Wie es über diese fein gestalteten Wellen hinweggleitet? Ja, schaut es euch gut an, denn dieses Bild war der Grund, warum ich Hjaldar traf.

Doch dies geschah viele Monde nach meiner Stableite, und es trug sich nicht hier in Olport zu, sondern in der Hjaldingstadt Thorwal, der Stadt, die lauter ist als der Wind und das Meer zusammen. Ich besuchte zu diesem Zeitpunkt die Schule der Hellsicht, um mit den dortigen Magiern Wissen auszutauschen.

Wenn ihr einmal eure Ausbildung in unseren Hallen abgeschlossen habt, solltet ihr vielleicht selbst einmal zur Schule der Hellsicht reisen. Nicht nur könntet ihr noch einiges darüber lernen, wie man Flüche erkennt und abwehrt, sondern auch wie man magische Objekte besser versteht und ihre Wirkung analysiert, ohne sich selbst dabei in Gefahr zu bringen. Bei den Hesindedisputen in der Winterzeit könnt ihr Gandsmider aus aller Herren Länder treffen.

Mit diesem Gedanken im Hinterkopf reiste ich im Haimamond 1042 Bosparans Fall gen Thorwal. Natürlich würde es noch Monate dauern, bis die Dispute begannen, aber ich wollte mich zuvor noch in der Artefaktkunde weiterbilden, die Stadt Thorwal bestaunen und mit meinen eigenen Augen sehen, ob wirklich Orks in der Orkenstadt leben. Nur zu eurer Information: Das tun sie tatsächlich. Es sind aber nicht besonders viele, und sie gehen dort ehrbarer Arbeit nach. Außerdem haben sie damals, als das Horasreich die Stadt angriff, treu für Thorwal gekämpft wie jeder andere Einwohner auch. Damit haben sie ihre Loyalität ja wohl bewiesen.

Die lärmende Stadt beginnt schon direkt vor den Toren der Akademie. Direkt gegenüber liegt ein großer Fuhrhof, wo

tagein, tagaus Karren hinein- und herausrumpeln und die Fuhrleute mit Söldnern und jeder Menge Handelsvolk über Preise für Begleitschutz und Warenwerte streiten.
Daneben liegt ein großes Gasthaus für die Fuhrleute, wo man bis in die frühen Morgenstunden den Handelsfahrern dabei zusehen und vor allem zuhören kann, wie sie ihre Profite versaufen. Stadteinwärts, nicht weit vom Fuhrhof entfernt, liegt der Tempel von Wohlfahrt und Heilkunst, der örtliche Perainetempel, der auch als Siechenhaus für die Kranken fungiert. Dass sich das mit den vielen Handelsreisenden verträgt und dass es trotzdem kaum Seuchen in der Stadt gibt, ist wohl der endlosen Geduld und dem Wohlwollen Ifirns geschuldet.
Obwohl an der Akademie kaum mehr als ein paar Handvoll Eleven zugegen waren, musste ich mich meinesteils an die ständig rollenden Fuhrwerke und das Stimmengewirr von der anderen Straßenseite her erst gewöhnen. Andererseits ist es auch interessant, dass die Akademie sich nicht abschottet, sondern ein natürlicher Teil der Stadt ist. Daher treffen täglich Bittsteller ein, die sich eine magische Analyse erhoffen oder irgendetwas anderes bei den Hellsehern in Erfahrung bringen wollen.
Manchmal, wenn es mir in der Akademie zu belebt zuging, machte ich einen Bummel durch die Stadt, die zwar noch lauter und belebter war, aber dennoch etwas Abwechslung bot. So konnte ich am Thorwaler Hafen die Schiffe bestaunen, konnte die zum Teil fremden Düfte von Gewürzen und Kräutern rie-

chen, die sie mitbrachten, oder den Möwen bei ihrer Jagd nach Essensresten bei den Anlegern zusehen.

Mittags probierte ich mich durch die Angebote der zahlreichen Garküchen oder kaufte mir frisch gebackenen Prembutt. Einmal packte mich die Lust auf Süßes, und so schlenderte ich zum Markt hinter dem Kapitän-Kerlok-Kanal, um dort eingelegte Bodirbirne zu naschen und honigsüßes Nussmus zu ergattern.

Natürlich ließ ich es mir, nachdem ich meinen Hunger gestillt hatte, nicht nehmen, die große Swafnir-Halla, den Tempel des Gottwals, aufzusuchen. Die Halla ist so riesig, als wolle sie die Größe des Meeres fassen. Das dunkle Steineichenholz wurde von den größten Schnitzmeistern verziert, und selbst ohne hineinzugehen, kann man sich stundenlang an den Tempelwänden satt sehen.

Drinnen schwebt der weiße Pottwal über den Köpfen der Menschen. Eine solch riesenhafte Darstellung hatten meine Augen bis dahin noch nie erblickt. Als ich der Größe der Halla gewahr wurde, glaubte ich, ganz Thorwal könnte am Swafnirtag hineinpassen.

Doch an diesem gewöhnlichen Tag, ohne dass ein Gottesdienst stattfand, wirkte der Tempel trotz so manches Besuchers leer.

Ich schlenderte umher, um den herrlichen Pottwal von allen Seiten zu bestaunen. Da erblickte ich auf den Stufen des Altarpodests einen alten Mann. Sein graues Haar fiel ihm offen auf die Schultern, auf seinen Knien ruhte ein Brett aus Birkenholz. Darauf lagen Runen aus Stein. Er saß über die

Runen gebeugt und blinzelte, als könne er die Zeichen im Halbdunkel des Tempelraums kaum erkennen. Seine ausgemergelten Finger glitten hektisch über die Zeichen, dabei murmelte er leise vor sich hin. Manches Mal zuckte sein Kopf, wie unter einer plötzlichen Eingebung. Da wusste ich, dass er ein Godi war, ein Seher, dessen Geist gerade in anderen Gefilden weilte und Botschaften empfing, die nicht für einen gewöhnlichen Verstand bestimmt waren.

Ich machte einen Bogen um ihn, da ich ihn keinesfalls stören wollte, doch unvermittelt fuhr er hoch. Seine Hand zuckte und deutete auf mich. Dann winkte er mich näher. Zögernd folgte ich seiner stummen Aufforderung. Ihr könnt euch denken, wie überrascht ich war, dass der Godi mich zu sprechen wünschte. Ich fragte ihn, wie ich ihm behilflich sein könne.

Er aber sah an mir vorbei zur großen Flügeltür und legte den Kopf schief, als lausche er in die Weite des Tempels hinein. »Geduld«, murmelte er, »er wird gleich kommen.«

Bevor ich fragen konnte, wen er erwartete, stieß der Godi ein Zischen aus, mit dem er mir gebot, leise zu sein. So wartete ich vor den Altarstufen, unschlüssig, was ich als nächstes tun sollte. Die anderen Besucher kümmerten sich nicht um uns. Ein Godi war in der Halla Swafnirs kein übermäßig erstaunlicher Anblick.

»Keine Sorge, Swanhild.« Ein Lächeln huschte über die eingefallenen Züge seines ausgemergelten Gesichts. »Er ist fast da.«

Wie vom Donner gerührt stand ich da, denn ich hatte dem Seher meinen Namen nicht genannt.

Nur wenige Augenblicke später betrat ein junger, kräftiger Bursche den Tempel. Er schlenderte wie wenige Augenblicke zuvor ich selbst durch die Halla, um dem Gottwal seine Aufwartung zu machen. Seine Verblüffung glich der meinen, als der Godi ihn mit ungeduldiger Geste zu sich winkte.

Kaum hatte sich der Neuankömmling zu uns gesellt, sprach der Seher zu uns, mit einer Stimme, die vom Alter zerkratzt und rau war. Er berichtete uns, dass seine Runen ihm Großes verkündet hätten. Dass es der Wille der Runjas sei, dass wir einander hier begegneten. So werde keiner von uns das kommende Abenteuer allein bestehen müssen. Weder ich, Swanhild, Norris Tochter, noch Hjaldar, Sohn des Thorwulf.

Bei diesen Worten wirkte der junge Mann weitaus gefasster, als ich mich in diesem Augenblick fühlte.

»Ein großes Abenteuer, tatsächlich?«, murmelte er leise vor sich hin. »Dafür hätte ich keinen Godi gebraucht.«

Ich musste mir ein Lächeln verkneifen, denn auch mir waren Hjaldars Name und sein Ruf als Liebling der Runjas bekannt.

Der Godi nickte zufrieden und sah mit der Tatsache, dass er Hjaldar zu mir gebracht hatte, seine Aufgabe als erledigt an. Auf einen Hinweis, welcher Natur unser Abenteuer sein werde, verzichtete er. Stattdessen bedeutete er uns, uns zu entfernen. Wir hatten uns schon umgewandt, da erhob er noch einmal die Stimme und verkündete, dass die Runjas mit Sicherheit ein wohlwollendes Auge auf uns haben würden, denn ansonsten hätten sie uns wohl kaum zueinander passende Hautbilder beschert.

Verwundert besah ich die Hautbilder meiner neuen Bekanntschaft und erkannte in einem davon sofort meines Vaters Stich. Der Wal auf Hjaldars Oberarm wirkte tatsächlich wie eine Weiterführung meines Bildes. Die Wellenmuster passten perfekt zueinander. Auch Hjaldar erkannte die Ähnlichkeit, und wir tauschten ratlose Blicke aus.

Einige Stunden und ein paar malzige Krüge später waren wir beide jedoch zu einer erstaunlichen Erkenntnis gelangt, nämlich, dass sich in den Wellenmustern ein Schriftzug verbarg: Zwei Teile eines Satzes, die zueinander gehörten. Es mag euch vielleicht verwundern, dass mir diese Einsicht erst in jener Stunde dämmerte, doch hatte ich die Runen auf meinem Arm immer als Glückszeichen wahrgenommen. Erst durch Hjaldars Muster ergaben sie ein umfassenderes Bild und einen zu diesem Zeitpunkt eher vagen Hinweis auf eine Suche. Doch zusätzlich vermutete ich, dass Hjaldars Wal und meine Otta uns einen Hinweis auf eine Sternenkonstellation aus Wal und Jurgas Otta lieferten, zusammen mit dem Ogerkreuz. Denn dieses hatte mein Vater mir über das Schiff gestochen. Seht ihr? Hier.

Sterne sind ja für jeden Seefahrer unverzichtbare Wegweiser, wenn unsere Ottas Swafnirs Reich durchstreifen. Mein weitgereister Vater hatte immer eine Leidenschaft für den Nachthimmel besessen.

Daher zogen wir sogleich die Möglichkeit in Betracht, dass mein Vater uns auf diese Weise einen Hinweis auf einen Ort hinterlassen hatte.

Hjaldar fragte mich natürlich, ob ich nicht wüsste, wo mein Vater sei und ob wir nicht eine Erklärung von ihm einholen könnten. Doch ich verneinte und erklärte ihm, dass Norri Karvensson den Sieben Winden gleiche. Er ist überall und nirgends anzutreffen, und ich hatte ihn seit meiner Stableite nicht mehr gesehen. Nicht einmal meine Mutter wusste, wo er sich gerade aufhielt und ob er gegenwärtig überhaupt in Thorwal weilte oder ob er die Länder des Südens erkundete. Daher schlug ich als Alternative die große Kartothek in der Ottaskin der Hetleute vor. Die Kartothek ist so weitläufig, dass man in ihren Räumlichkeiten eine ganze Ottaskin aus dem Hinterland unterbringen könnte. Zwei Stockwerke hat allein das Haus, dazu kommt ein Rundturm mit vier Stockwerken. So umgaben wir uns volle drei Tage mit Pergamenten und Sextanten, in der Hoffnung, unseren vagen Hinweis vervollständigen zu können. Die Konstellation, die wir suchten, schien es gar nicht zu geben, denn Jurgas Otta spielt an unserem Nachthimmel kaum eine Rolle, es ist ein Sternbild des Südhimmels.

Aber dennoch hatte mir mein Vater ein verbildlichtes Schiff mit auf den Weg gegeben. Es dauerte eine Weile, bis wir begriffen, dass mein Drachenboot womöglich gar nicht für Jurgas Otta stand, sondern für den Drachen, und schon ergab alles einen Sinn, ist er doch eines der größten Sternbilder am Firmament.

Doch trotz dieser Erkenntnis konnten wir die genauere Konstellation der beiden Sternzeichen nicht ausmachen, noch weniger einen dazu passenden Ort finden.
Aber wir gaben die Hoffnung nicht auf. Nicht nur, weil uns ein Godi höchstpersönlich auf den Weg der Runjas geschickt hatte, sondern auch, weil inzwischen unsere Neugier geweckt war. Möglicherweise hätten wir in Prem mehr Glück. Die Premer Kartothek ist nicht so groß wie die in Thorwal, doch soll es dort einige Seekarten geben, die in Thorwal nicht vorhanden sind. Also suchten wir uns eine Schiffspassage nach Prem. Diese Geschichte erzähle ich euch jedoch erst, wenn jeder einzelne hier ein passables Windgebraus vorführen kann.

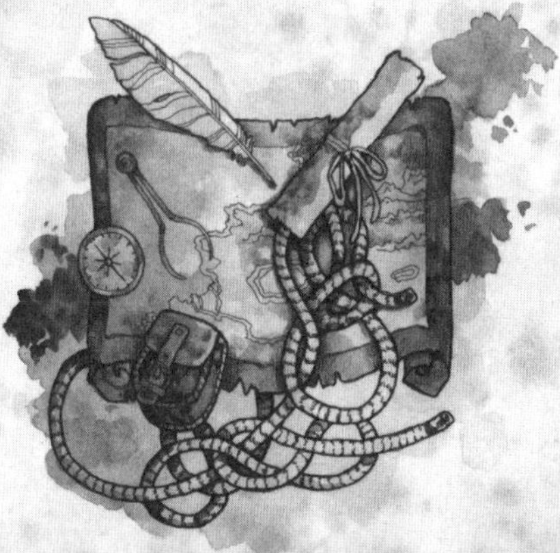

III

Das Hochland

Maighread brai Criosaidh zu Amud al'Alam ibn Faramud abu'l Ketab ibn Rashman ibn Hammed ay Zorgan

Nun gut. Da in deinem Land so viele Dinge völlig anders sind, werde ich dir nun die Art meines Volkes erklären, damit du verstehst, wer Breandan und Ygrain sind und warum ihr Wort großes Gewicht hat – nicht nur für mich, sondern auch für dich. Da deine Fragen so zahllos sind wie die Sterne am Nachthimmel, werde ich mit dem Anfang beginnen.

In Mortakh hast du gesehen, wie mein Volk lebt. Jedes Haerad ist wie eine große Familie. Eine Familie, die einander beisteht, damit wir einander schützen und bewahren können, denn das Hochland ist weit und die Gefahren mannigfaltig. Es sind nicht nur Orkbanden, die es auf uns abgesehen haben. Aus der Nacht und dem Nebel schickt Calyach'an Mochûla, die nachtschwarze Spinne und Mutter der Dämonen, uns immer wieder Feinde von widernatürlichem Wesen, weil sie uns Gjalsker und unsere Art zu leben hasst. Aber mithilfe unserer Brenchi-Dûn, die mit den Geistern und den Ahnen sprechen, wissen wir uns zu wehren.

Doch wann immer wir Gjalsker uns entscheiden, unser Haerad zu verlassen, um allein durch die Wildnis zu ziehen, wissen wir auch um die Gefahr der Einsamkeit. Denn Gefahren gibt es viele, wie du inzwischen selbst erlebt hast. Die ausgehungerten Orks, die sich zur Jagd auf ein Brenna-Gon verstiegen … Wie nennst du es? Mammut? Das ist aber ein seltsames Wort. Nun, die Orks wären sicher ein Problem geworden, wenn wir nicht Hilfe gehabt hätten.

Wir haben starke Verbündete im Dûnthyr, in der Geisterwelt. Nicht nur die Ahnen, auch die Odûn wachen über uns. Sie sind mächtig, und sie stehen als unsere Brüder an unserer Seite. Wolf und Wildschwein, Bär und Gebirgsbock, Rabe und Feuermolch und so manch andere leihen einigen von uns ihre Kraft, so wir uns ihrer würdig erweisen, damit wir in der Not ihre Stärke in uns erwecken können und unserer Sippe im Kampf gegen die Heimtücke Calyach'an Mochûlas beistehen. Die Tiere, die wie wir von diesem Land leben, sind unsere Brüder. Wir Durro-Dûn wissen das. Mein Odûn ist Torrak, das Wildschwein. Seit meiner Krallessa, meiner ersten Reise in die Welt der Geister, kann ich Torraks Kraft in mir fühlen, wie einen Freund, der immer an meiner Seite ist. So bin ich niemals ganz einsam. Was immer mir zustößt, ich weiß Bruder Wildschwein an meiner Seite, solange ich mich ehrenhaft verhalte und seiner Gunst würdig bin. Darum ist es eine große Ehre und Pflicht, ein Durro-Dûn zu sein.

Torrak hat mir im Kampf gegen die Orks geholfen. Mit seiner Kraft konnte ich den Anführer töten und die anderen in die Flucht schlagen, aber auch, weil ich mein Leben lang dafür gekämpft habe, eine gute Kriegerin zu sein, die meiner Sippe Ehre bringt. Ich wusste, dass irgendwann der Tag kommt, an dem ich meine Heimat verteidigen muss.

Nun frage ich dich, ist das in deiner Heimat nicht so? Du bist – verzeih meine Ehrlichkeit, doch von der Lüge halte ich nichts – kaum stärker als unsere Halbwüchsigen. Die Klinge, die du als Waffe bei dir trägst, ist nur ein Messer, und obwohl es eine scharfe Klinge hat, würde ich doch immer meine Bakka vorziehen. Oder diese starke Axt hier.

Nun ja, du bist klein und zierlich von Gestalt, aber du bist doch auch ein erwachsener Mann. Warum hast du nicht gelernt, die Waffe eines Kriegers zu führen?

Hast du dich nicht gefürchtet, so ungerüstet und allein diese Reise zu uns zu unternehmen? Ich will dir keine Angst machen, du hast ja mich dabei und ich werde dich vor allem beschützen, was hier in der Wildnis auf uns lauert. Doch wurmt es dich nicht? Bist du vielleicht in deinem Volk auch ein Brenoch-Dûn? Was ist ein Geschichtenerzähler? Natürlich wissen auch wir gute Geschichten zu schätzen. Geschichten sind Nahrung für die Seele, und die Erzählungen von unseren Ahnen lehren uns, wie man sich klug und umsichtig verhält. Von ihnen lernen wir, den Göttern zu folgen. Aber eine Geschichte allein hilft dir nicht gegen Orks oder gegen den Zorn eines verletzen Brenna-Gon.

Daher wusste ich im Gegensatz zu dir, dass Breandan bren Breannan, der Wolfstierkrieger, dieses Brenna-Gon nicht angreifen würde. Hast du denn nicht erkannt, dass der Speer in der Schulter des armen Wesens von orkischer Machart war? Habt ihr im Süden etwa keine Orks? Das muss ein glücklicher Landstrich sein, der die orkische Plage nicht kennt.

Jedenfalls wusste Breandan, dass Orks vermutlich versucht hatten, das Brenna-Gon zu erlegen. Und da ich Orks kenne und ihre Sturheit, vermutete ich, dass, wenn das Brenna-Gon sie nicht in seiner Wut schon totgetrampelt hatte, sie noch in der Gegend sein mussten.

Als ich Breandan daher auf dem Hügel liegen sah, wusste ich sofort, dass er die Lage ähnlich einschätzte wie ich. Er wollte dem Brenna-Gon helfen, denn es schmerzte ihn wie mich, dieses majestätische Wesen leiden zu sehen. Aber auch er wusste, dass die Orks noch in der Nähe sein mussten. Du hast gesehen, wie wir uns über die Anhöhen hinweg nur mit ein paar kurzen Zeichen verständigten? Das ist Kriegerart. Wie sonst soll man sich denn auf der Pirsch absprechen?
Warum er uns sofort bemerkt hat, obwohl wir uns vorsichtig im Grase anschlichen? Es tut mir leid, das sagen zu müssen, aber du bist nicht gerade leise. Nicht einmal, wenn du am Boden liegst. Außerdem vergiss nicht, dass Breandan den Wolf auf seiner Seite hat, sein Geruchssinn ist viel besser als deiner. Meiner übrigens auch. Aber das hast du ja inzwischen gemerkt.
Ich glaube, er war froh, dass wir kamen, denn nun waren wir genug Leute, um die Orks zu bekämpfen und gleichzeitig das Brenna-Gon von seinen Qualen zu befreien.
Hätte Breandan die Orks allein gesucht und angegriffen, wäre das Brenna-Gon mit Sicherheit davongelaufen. Und es war doch schon durch die Wunde und seine Flucht erschöpft. Hätte er jedoch zuerst das Mammut von dem Speer befreit, hätten die Orks die Gelegenheit genutzt, noch einmal anzugreifen.
Woher wir das Versteck der Orks kannten? Hast du mir nicht zugehört? Breandan und ich konnten die stinkenden Schwarzpelze tausend Schritte gegen den Wind riechen, als sie sich anschlichen, um das verletzte Brenna-Gon endgültig zur Strecke zu bringen.

Daher brauchte es zwischen uns nicht viel mehr als ein Nicken. Ich wusste, dass ich die Orks übernehmen würde, und er würde das Risiko auf sich nehmen, Bruder Brenna-Gon von dem Speer zu befreien.

Was das Brenna-Gon betraf, war unsere Natur als Durro-Dûn kein Vorteil. Es konnte unsere Odûn in uns spüren. Und ein Wolf ist nun mal ein Raubtier. Daher bewundere ich, dass Breandan es trotzdem versuchte.

Nun, ich war zu diesem Zeitpunkt bereits damit beschäftigt, mit beiden Händen meine Axt zu schwingen und in einem Orkscheitel zu versenken. Du dagegen hast sehen können, wie Breandan handelte.

Übermenschlich schnell? Nun, das ist die Kraft des Wolfes. Ebenso die Sprungfähigkeit. Todesmutig auf den Rücken eines wütenden Brenna-Gon springen und den Speer herausziehen? Nun, eines solchen Abenteuers würde ich mich auch gern rühmen. Aber es ist ebenso ehrenhaft, eine Ruhmestat nicht um des Ruhmes willen zu vollbringen, daher bin ich ebenso stolz auf meine Taten.

Warum wir es so aufgeteilt haben? Nun, Breandan bat mich mit einem Blick, die Orks abzulenken, und ich folgte seinem Wunsch.

Hätten wir gemütlich am Feuer gesessen und einen Plan geschmiedet, dann hätte ich vielleicht die Ehre erbeten, das Brenna-Gon befreien zu dürfen. Aber es war nicht die Zeit, zu sprechen, sondern zu handeln. Unsere Aufgabe war größer als ein Streit um die größte Ehre. Das wussten wir beide.

Außerdem war er der erfahrenere Streiter. Hast du nicht die vielen Hautbilder auf seinem rechten Oberarm gesehen? Vergleiche sie mit den meinen, es sind nicht halb so viele. Ich stehe noch am Anfang meiner Reise, muss noch Erfahrung, Weisheit und Ruhm sammeln. Dann wird irgendwann ein junger Krieger auch mir folgen.

Was soll das heißen: ob diese Hautbilder nicht einfach nur übertrieben sein könnten? Willst du etwa behaupten, dass Breandan über seine Taten lügt? Wiederhole es und du wirst meiner Bakka gegenübertreten.

Kein Gjalsker, der nicht von den Ahnen verflucht und vom Schicksal mit Wahnsinn geschlagen wurde, würde solch eine Schandtat wagen! Die Ahnen wissen, was du getan hast. Und du weißt es auch. Deine Haut ist nur der Spiegel, der es für die anderen sichtbar nach außen trägt.

Ich verzeihe dir diese Bemerkung nur, weil du es nicht besser wissen kannst. Aber ich muss dir sagen, dort wo du herkommst, haben die Leute offenbar eine seltsame Vorstellung von Ehre! Überdies gebe ich dir den Rat, nicht jeden deiner Gedanken über unser Volk laut auszusprechen. Du magst einmal an jemanden geraten, der nicht wie ich um deine Unkenntnis weiß oder sie verzeiht!

Aber zurück zu dem Brenna-Gon. Ich bin froh, dass es so schnell das Weite gesucht hat, als es von dem Speer befreit wurde, der sein Fleisch peinigte. Ja, es ist fortgelaufen, aber die Wunde wird heilen. Es hätte uns auch angreifen können. Aber vielleicht wusste es instinktiv, dass wir ihm nicht schaden wollten. Brenna-

Gon mögen behäbig aussehen, aber sie sind nicht dumm. Es wird seine Herde wiederfinden, so wie ich immer mein Haerad wiederfinden würde. Egal, wo ich bin.

Nur damit du es weißt, ich habe Breandan nicht angehimmelt! Du warst doch derjenige, der sich an den starken Muskeln und dem sonnenhellen Haar nicht sattsehen konnte. Ist dir gar nicht aufgefallen, dass seine linke Hand mit Hautbildern verziert ist? Ich habe dir doch erklärt, was es bedeutet, sich den linken Arm zu füllen: Er hat schon einen Herzensbund geschlossen. Ich habe ihm lediglich Respekt erwiesen. Außerdem habe ich nicht gedacht, dass ich mal einer Legende persönlich begegnen würde. Die Hautbilder auf seinem Arm künden von so vielen glorreichen Abenteuern. Und nein, das ist keine Schwärmerei! Wenn ich rote Ohren bekomme, dann höchstens, weil ich mir dein unnützes Gerede anhören muss!

Überhaupt können wir froh sein, dass wir ihn getroffen haben. Denn nur durch ihn haben wir erfahren, wo Ygrain sich aufhält.

Du nennst es Glück, ich nenne es Schicksal. Wärst du ein Gjalsker, wüsstest du, dass die Begegnung mit einem Brenna-Gon ein Zeichen des Schicksals darstellt. Selbst wenn sein Fell nicht weiß ist – wie das von Natûru-Gon, dem weißen Gottmammut, das ihrer aller Vater ist – ist jeder Nachfahre Natûru-Gons ein Zeichen des Glücks. Sie sind unsere Brüder und uns so lieb und teuer, als wären sie Angehörige unseres Haerad.

Es wundert mich auch überhaupt nicht, dass Breandan uns weiterhelfen konnte. Er ist genauso weit herumgekommen wie Ygrain. Warum sollten sie einander nicht begegnet sein? Ach, dann glaube nur weiter an Zufälle. Du, ich sage dir, die Ahnen sind mit uns! Deswegen haben sie dafür gesorgt, dass Breandan und das Brenna-Gon unseren Weg kreuzten.

Was Ygrain betrifft: Der Wolfskrieger sagte uns, dass wir sie in Amanma Rudh finden werden. Dieser Ort ist von großer Bedeutung für mein Volk. Für dich mag es nur eine alte Festung auf einem Felsen sein, aber für uns ist es der Ort, wo wir unsere Toten dem Meer übergeben. Dort nimmt Zwanfir, der große unbarmherzige Wal, ihre Seelen in sich auf, damit sie nicht bis zum Ende der Zeit durch den Nebel irren müssen. Amanma Rudh ist ein Hort der Kraft und der Geheimnisse. Und dass uns unsere Reise dorthin führt, beweist einmal mehr, welche schicksalhafte Bedeutung unsere Suche hat.

Das Feuer ist fast heruntergebrannt, und ich habe genug gesprochen. Lege dich hin und raste, denn bis zu den Knochenklippen, wo die Festung steht, werden wir noch einige Tage wandern müssen. Ich übernehme die erste Wache.

Brief des Geschichtenerzählers Amud al'Alam ibn Faramud abu'l Ketab ibn Rashman ibn Hammed ay Zorgan an Yamira saba Harizeth:

O du edles Juwel, das alle Sterne des Nachthimmels überstrahlt, der Gedanke an dich und die Deinen erfreut mein einsames Herz wie eine Rose, die auf kargem Boden sprießt, so wie das sanfte Licht der Mada die dunkle Nacht mit Glanz erfüllt.

Nun ja, ganz so einsam bin ich nicht. Maighread weilt noch immer an meiner Seite und treibt mich mit ihrer Gjalsker Sturheit zu strammer Wanderschaft an. Dabei vergisst sie gern, dass ich kein mystischer Krieger bin wie sie, dem die Kraft und Ausdauer eines wilden Tieres zur Verfügung stehen, denn – und hier folgt die Auflösung, wie ich sie dir in meinem letzten Brief versprach – diese Frau ist in der Lage, sich mithilfe eines Tiergeistes in ein Wildschwein zu verwandeln. Zumindest teilweise. Ich sah, wie ihr im Kampf mit ein paar mordlüsternen Orks Hauer aus dem Mund sprossen. Überhaupt nahm ihr Gesicht, ja ihr ganzer Körper tierhafte Züge an. Wo zuvor noch Haut war, spross borstiges Fell, und als sie ihre Feinde auf die Hauer nahm, da kam sie mir vor wie eine Mensch gewordene Naturgewalt. Ich hoffe, dass ich niemals ihren Zorn erwecke.

Ich weiß, wie das alles für dich klingen mag, o strahlender Stern am Firmament, doch sorge dich nicht. Ich glaube nicht, dass meine Freundin besessen ist. Wenn doch, so scheint dieser Zustand für die Gjalsker normal zu sein. Sie ist auch, das wissen die Götter, nicht die Einzige hier mit solch wundersamen Fähigkeiten. Ich sah auch einen mächtigen Krieger, der mit dem Geist eines Wolfs im Bunde war und auch wie ein solcher kämpfte. Tierkrieger nennen sich diese Naturen, und der Rest ihres Volkes bringt ihnen großen Respekt entgegen.

Ich hoffe, dass mein letzter Brief dich bald erreicht. Ich gab ihn eben jenem herumreisenden Wolfskrieger mit und bat ihn, ihn an einen Händler weiterzureichen oder jemand anderen, der in den Süden reist. Er zögerte zunächst, doch verstand er meinen Wunsch, ein Lebenszeichen an meine Lieben zu senden, die mir so fern sind, und so willigte er schließlich ein. Großherzig sind sie, diese Gjalsker. In so einem kargen Land, in dem so wenige Menschen leben, sind die Leute gezwungen, einander zu helfen. So sie einander nicht gerade als Feinde gegenüberstehen oder eine Sippenfehde besteht, kann man auf Hilfe hoffen. Zumindest, wenn man die richtigen Worte an sie richtet und das Ansinnen ihrem Sinn von Ehre nicht widerspricht.

Nach dieser Begegnung wanderten wir weiter in nördlicher Richtung zur Küste. Dort steht an einem Ort, der Knochenklippen genannt wird, eine gewaltige Festung. Als ich sie sah, wie sie sich über dem Meer erhob, uralt, aus riesigen Steinen zusammengetragen, glaubte ich fast, die Augen müssten mir überquellen. Keines Menschen Hand kann diese Steine aufeinandergeschichtet haben. Es müssen Riesen gewesen sein oder Trolle, oder vielleicht auch eine uralte Gottheit. Das Wissen darüber ist wohl schon vor Äonen in den Nebeln der Vergangenheit verschwunden.

Daher muten der riesige Ringwall und die Reste eines einstmals gigantischen Turms wie ein Gruß aus einer anderen Zeit an. Von den Klippen kann man weit hinaus aufs Meer schauen.

Steht man dort oben, wo uralte Bäume im Winde knarren, als raunten sie längst vergessene Geheimnisse, und sieht aufs Meer, das mit unendlichem Gleichmut gegen den ewigen Fels schlägt, dann vermeint sogar das sterbliche, menschliche Herz, einen Hauch von Unendlichkeit zu erspüren. Hier weht der Wind der Ewigkeit, und für einen zeitlosen Augenblick glaubt man, selbst Wurzeln zu schlagen. Einen Atemzug lang ist man eins mit dem Land und der See.

Die Klippen erstieg ich, doch leider durfte ich die Feste nur von außen sehen. Weiter ließ mich Maighread nicht hinein. Auch durfte ich nicht an den Ort, wo die Gjalsker ihre Toten dem Meer übergeben, denn er ist ihnen heilig und ich bin ein Fremder. Was blieb mir anderes übrig, als diesen Wunsch zu respektieren? So wartete ich vor dem alten Ringwall und genoss die Zwiesprache mit der Natur, während meine Begleiterin sich auf die Suche nach jener geheimnisvollen Frau machte, die uns weiterhelfen sollte.

Tatsächlich, unsere weite Wanderung zur Küste war nicht umsonst gewesen. Nur wenige Stunden später kehrte Maighread zu mir zurück. Und sie hatte Gesellschaft. Oh, welch' erstaunliche Gesellschaft das war.

Obwohl ich wusste, dass diese Brancha-Dûn namens Ygrain jung war, überraschte es mich doch, welche Lebenskraft sie ausstrahlte. Diese Seherin, wenn man die Eingeweihten der Gjalsker denn so nennen kann, hatte die Statur einer Gladiatorin und stand Maighread in athletischer Hinsicht in nichts nach! Sie musterte mich neugierig, während Maighread ihr mein Hautbild zeigte und die Umstände unseres Treffens beschrieb.

Sie hörte sich andächtig an, was wir zu sagen hatten, überlegte kurz und gab uns zu verstehen, dass sie sich zurückziehen werde, um mit den Geistern Zwiesprache zu halten. Diese Seher und ihre seltsamen Rituale … Ich weiß nicht, was sie tun oder wozu sie es tun, und wahrscheinlich werde ich es nie genau erfahren. Ob ihnen unsere Tempel und Gottesdienste wohl auch so eigentümlich vorkämen?

Während ich von den Anstrengungen des Tages müde an unserem kärglichen Lagerfeuer um jedes bisschen Wärme rang, schien Maighread von einer unerklärlichen Unruhe befallen zu sein. Sie sprach nur das Nötigste mit mir und blickte immer wieder mit schief gelegtem Kopf zum Meer und lauschte stundenlang Wind und Wellen. Manchmal schloss sie die Augen und murmelte leise vor sich hin. Ob es Gebete waren oder Schutzformeln, darüber schwieg sie sich aus. Sie erklärte mir lediglich, dass Amanma Rudh ein Ort der Kraft sei und dass sie die Nähe zur Geisterwelt und zum Reich des Zwanfir spüren könne.

Ich spürte vor allem die steife, feuchte Brise, die unbarmherzig landeinwärts drang.

Am nächsten Morgen stand plötzlich Ygrain vor uns, wie aus dem Tau geboren. Im Halbdunkel des Sonnenaufgangs erinnerten ihre dunklen Zöpfe an die Zweige einer schlanken Weide. Einen Herzschlag lang erschien sie mir wie ein wunderschöner Waldgeist oder ein geheimnisvoller Traum. In diesem Augenblick begriff ich einen Bruchteil dessen, was die Brenchi-Dûn für ihr Volk darstellen. Fest verwurzelt im Leben eines Menschen und dennoch nicht ganz von dieser Welt, den unsichtbaren Mächten verschworen. Ebenso spürte ich einen flüchtigen Moment lang den Wunsch, dieser geheimnisvollen Frau, die so jung doch schon solches Selbstbewusstsein und eine wilde Schönheit ausstrahlte, näherzukommen. Ich empfand Bedauern darüber, dass sich dieser Wunsch nie erfüllen würde.

In ihrer Stimme lag die Ruhe der Erde, als sie uns den Weg gen Westen wies. Nach Olport, ins Land der Thorwaler, sollten wir reisen. Dort warte unser Schicksal.

Ich denke, dort wartet vor allem eine Möglichkeit, diesen Brief aufzugeben.

Was meine Fragen zum Tal des Blutes betrifft, habe ich von Ygrain nichts erfahren. Aber ganz erfolglos war ich zum Glück nicht. Maighread hat inzwischen genug Zutrauen zu mir gefasst, um sich meiner Fragen zu erbarmen. Ich glaube, dass niemand darüber reden wollte, war weniger eine Frage der Geheimhaltung als vielmehr die Tatsache, dass diese Menschen einfach nicht sofort mit Außenstehenden über ihre Mythen plaudern. Aber wenn sie sich erst einmal davon überzeugt haben, dass man nicht in übler Absicht fragt, erhält man auch Antworten. Doch dies würde für einen Brief viel zu weit führen. Ich halte alles in meinem Notizbuch fest, und das hüte ich wie einen Goldschatz.

Ich verbleibe dein ergebener Diener.

Mögen die Götter ihre schützende Hand über euch alle halten und wir uns dereinst alle selig in den Armen liegen.

Dein Amud

IV

Der lange Weg nach Olport

Na gut, hast mich überredet. Dann will ich noch eine Geschichte erzählen. Die, wie ich mit Frenjadur, Maradas Tochter, eine ziemlich bewegte Ausfahrt machte. Das alles begann in Prem. Ich war mit der Gandsmidra Swanhild Norrisdottir gemeinsam nach Prem gezogen, um die Herkunft eines Hautbildes zu klären.

Der Wal hier, seht ihr? Der war nämlich so etwas wie ein Richtungsweiser. Hättste nicht gedacht, was? Ich auch nicht. Aber war so. Swanhild, die in Olport an der Runajasko die magischen Künste erlernt hatte, trug ein ähnliches Bild auf der Haut. Ihres zeigte ein Drachenboot. Doch beide zusammen ergaben eine Sternkonstellation. Im übertragenen Sinne natürlich, du Poller! Der Wal stand für den Wal und ihr Drachenboot für den Drachen. Und dann war da noch das Ogerkreuz. Ist ja auch egal. Willste das jetzt hören oder nicht?

Gut, dachte ich mir. Dann lass mich halt auch erzählen!

Also jedenfalls sind wir über den Golf nach Prem. Prem ist ein hübsches Städtchen. Und nicht nur wegen dem Premer Feuer! Prems Swafnirtempel steht auf Pfählen in der Bucht. Sehr swafnirgefällig, denke ich. Zugegeben, er ist klein, aber dafür haben sie eine Fontäne auf dem Dach, die sich einmal pro Stunde über das Tempeldach ergießt. Das weiß ich doch nicht, was die Premer damit ausgleichen müssen. Vielleicht die kleine Größe ihres Tempels? Sie sagen natürlich, dass das der Fontäne eines Wals nachempfunden wurde. Aber so mancher junge Premer hat wohl schon geglaubt, dass das Wasser von der Fontäne ihm bei gewissen Schwierigkeiten hilft. Wenn's nach sieben Hörnern Met mal wieder nicht klappen will.

Ansonsten gibt's halt noch die Hjalske-Brennerei. Das echte Wahrzeichen der Stadt, wenn du mich fragst. Ich bin ziemlich sicher, dass es noch andere Sehenswürdigkeiten in der Stadt gibt, aber da fragste einen Burschen aus dem Waskirer Hochland zu viel. Die Premer bilden sich viel auf ihr Immanfeld ein, aber Esche und Kork beherrscht man in Thorwal überall. Na, jedenfalls habe ich auf dieser Reise nicht viel mehr von der Stadt gesehen als die Kartothek, und auch die ist viel kleiner als die in Thorwal. Dass in Prem alles kleiner ist, hast du jetzt gesagt!

Abends musste dann natürlich ein Ausflug zum Bei Hjalskes sein. Gleich mal den besten Brannt des Kontinents an Ort und Stelle verkosten – eben dort, wo nur der echte Rotbrannt gemacht wird.

Zu sehen gibt's da auch einiges. Wusstet ihr, dass da ein Kelch steht, der mal irgendeinem Kaiser Valpo gehört haben soll? Der war wohl seinerzeit Stammkunde. Ob der je selbst bis nach Prem gekommen ist oder sich das Premer nur hat liefern lassen? Woher soll ich das wissen? Bin ich Mittelreicher? Oder Skalde? Ist mir ziemlich egal, ob der aus Almada kam oder dem Mittelreich und wovon der nun Kaiser war. Der Mann ist seit Ewigkeiten tot. Aber das Premer, das gibt's noch. Und das ist immer noch gut.

Wir tranken also gemütlich ein paar Schlückchen und schauten uns die bunt zusammengewürfelten Dekorationen an. Wie immer war es auch an diesem Abend brechend voll an der Tränke. Trotzdem hätte uns der zwielichtige Kerl stärker auffallen müssen, der nur ein paar Tische weiter saß und zu uns rüber starrte.

Ich dachte ja, er will was von Swanhild. Sie meinte später, dass sie davon ausging, dass der Bursche mich als sein Herzblatt auserkoren hatte. Reagiert hat jedenfalls keiner von uns, und er hat auch nichts gesagt. Also zahlten wir schließlich und gingen in unsere Herberge.

Am nächsten Tag sahen wir uns im Hafen nach einem Schiff um. Swanhild wollte inzwischen nach Olport, denn sie hatte in der Kartothek, die uns natürlich auch nicht weitergebracht hatte, rausgefunden, dass sich ein erfahrener Sternkundler gerade in Olport aufhielt, um den Tag der Heimkehr im Kreise seiner Lieben zu verbringen. Da Swanhild den Mann und seine Gewohnheiten aus Jugendtagen kannte, war sie ziemlich sicher, dass er den Schlachtmond und vielleicht sogar den ganzen Winter über dortbleiben würde und uns in der Sache sicher Rat geben könne.

Also brauchten wir eine Passage nach Olport. Zufällig lag ein besonderes Schiff im Hafen, oder sagen wir eine Otta mit einer besonderen Schiffsführerin. Frenjadur Maradasdottir war in der Stadt. Als wir hörten, dass sie bald wieder in den Norden in See stechen würde, da wollten wir unbedingt mit. Man begegnet ja nicht jeden Tag einer solchen Berühmtheit.

Natürlich ist ihre Mutter viel berühmter, aber auch von Frenjadur werden wir noch viel hören. Und da muss ich kein Godi sein, um das zu wissen. Die hat nämlich den Schneid ihrer Mutter geerbt, das wohl!

Frenjadur ist noch jung, aber trotzdem hat sie ihre Mannschaft gut im Griff. Eine geborene Anführerin, wenn du mich fragst. Ist ja kein Wunder bei dem Vorbild, das sie hat. Keine Ahnung, ob sie in die Fußstapfen ihrer Mutter treten und Hetfrau werden will. Eher nicht. In erster Linie scheint sie dem Meer verschworen, und ihre Ottajasko ist für sie das Wichtigste.

Gegen eine angemessene Menge Silber ließ sie uns an Bord der Fiskdrakkar kommen. Den Bug zierte das Kunstwerk eines wahren Künstlers mit dem Schnitzmesser: der Kopf eines Westwinddrachen, der dem Schiff auch seinen Namen gab.

So setzten wir die Segel gen Olport. An Bord ging es lustig zu. Frenjadurs Leute hatten auf ihrer jüngsten Fahrt Beute gemacht und wollten nun nach Olport, um Geschenke zur Blotgrimma-Halla zu bringen, wie es der Brauch ist.

Entsprechend gut war die Stimmung. Gerade die jüngeren Herferder an Bord träumten von weiteren Heldentaten auf noch bevorstehenden Fahrten, auf denen sie sich im Kampf hervortun wollten. Es war auch ein Skalde namens Mikko Hanusson mit an Bord, der uns, wenn die Sonne ins Meer sank, mit den Legenden unserer Heimat zu unterhalten wusste. Seine Stimme war weich und volltönend, wie honigsüßer Met für die Seele. Einmal erzählte er eine Geschichte über Alfen in den Hjaldorbergen, da spitzte Swanhild besonders die Ohren. Noch bis tief in die Nacht fragte sie dem armen Mann Löcher in den Bauch.

Die Sieben Winde waren launisch in diesen Tagen. Eine stete Brise, die stundenlang aus einer Richtung wehte, konnte urplötzlich umschlagen und das Vorankommen erschweren. Dann packten Swanhild und ich eben mit an und warfen uns wie alle anderen in die Riemen. Meistens dauerte es keine zehn Schläge, bis irgendjemand ein Lied anstimmte. Vorsingen tu ich euch jetzt aber nicht! Jedenfalls kamen wir in bester Stimmung voran.

Wir durchfuhren gerade die Enge zwischen der Insel Manrek und Overthorn, da erklang plötzlich ein Warnruf. Drei andere Schiffe kamen mit vollen Segeln hinter Manrek hervor und hielten direkt auf uns zu. Eins davon war eine Otta mit schwarzen Segeln. Alle an Bord erkannten sofort Schwarzaxts berüchtigte Vig. Der Pirat musste bei Brendhil auf der Lauer gelegen haben, und nun machte er Jagd auf uns. Frenjadur erkannte schnell, was das Stündlein geschlagen hatte. Für eine Wende reichte die Zeit nicht aus, und rückwärts zu rudern würde uns kaum helfen, denn der Wind aus Nordwest begünstigte die Friedlosen.

Eine andere Schiffsführerin hätte angesichts der Lage vielleicht gezögert. Vor allem, weil wir inzwischen das Gebrüll der Piraten hörten, die sich für einen Kampf aufputschten. Aber Frenjadur blieb gelassen. Sofort gab sie dem Steuermann Befehl, abzudrehen und an Overthorn vorbei und mit voller Kraft in den Hjaldinggolf hineinzuhalten.

Ich fragte mich in dem Augenblick, ob das wirklich eine gute Idee war. Denn für uns stellte der Hjaldinggolf in diesem Augenblick eine Sackgasse dar. Eine große Sackgasse zwar, aber den Friedlosen und ihrem berüchtigten Anführer würden wir so nicht entkommen.

Zeit, diese Entscheidung auszudiskutieren, hatten wir allerdings nicht. Auch wäre es einer Beleidigung gleichgekommen, die Schiffsführerin in dieser Situation vor ihrer Mannschaft anzuzweifeln.

Ich konnte sowieso nicht viel tun, als an der Ruderbank mein Bestes zu geben, um unsere Geschwindigkeit so hochzuhalten wie nur möglich.

Diesmal blieb der Platz neben mir jedoch frei. Swanhild hechtete zum Heck des Schiffs, an die Seite des Schiffsmagiers Stirbjörn Berasson. Dorthin eilte auch Frenjadur und sprach mit den beiden Zauberern. Auch wenn wir keine komplette Wende vollzogen, kostete uns das Manöver Zeit, die wir nicht hatten. Die Vig holte auf. Drohend ragte ihr Bug hinter uns auf.

Da hoben die beiden Magier die Hände, wirkten ihre Zauber, und prompt hatte ich den Eindruck, dass wir schneller wurden. Der Wind ballte sich in unseren Segeln, während er Schwarzaxts Schiffe zu umgehen schien. So gewannen wir etwas Abstand. Doch nicht für lange. Bald schon heftete sich die Vig wieder achtern in unser Kielwasser. Auch Schwarzaxt hatte offenbar einen Zauberer in seinen Diensten.

Während die Küste rechter Hand an uns vorbeiglitt, fragte ich mich, was Frenjadurs Plan war. Irgendwann mussten wir wenden, und da wir Schwarzaxts kleine Flotte noch nicht abgehängt hatten, würde er uns spätestens dann einholen. Ich hörte, wie die Magier lautstark weitere Zaubersprüche wirkten. Einmal machte unser Schiff einen kleinen Sprung, wie ein junger Delphin. Zum Glück hat mein Magen schon eine Menge Fahrten hinter sich. Aber es ging hoch her auf den Wellen, lasst euch das sagen!

Wir hielten stur Kurs auf eine Bucht auf halber Strecke zwischen Vidsand und Liskor. Dort lag ein verschlafenes Küstendorf. Eine Handvoll Langhäuser, nichts weiter.

Da kamen von den Piratenschiffen ein paar Brandpfeile geflogen und machten es sich in unseren Segeln gemütlich. Zwar lenkte Swanhild nur Augenblicke später einen Windstoß hinauf, der den Brand wieder löschte, aber ein gewisser Schaden war angerichtet und das Segel nicht mehr sonderlich effektiv. Dennoch – das rettende Ufer war nah. Inzwischen war uns allen klar, dass Frenjadur nicht die Absicht hatte, ihr Boot zu wenden. Stattdessen würden wir direkt auf den Strand auflaufen.

Wir waren noch etwa tausend Schritt entfernt, da stieß die Schiffsführerin in ein Horn. Sie gab mehrere lange und kurze Signale.

Zu meiner Überraschung wurden sie vom Strand beantwortet. Und dann kam Leben in das Dorf am Ufer.

Während wir unter Aufbietung all unserer Kräfte ruderten und die Zauberer alles gaben, um die Piraten so lange wie möglich auf Abstand zu halten, stürmten Bewaffnete aus den Langhäusern zum Strand hinunter. Manche hoben schon drohend Bögen oder zielten zur Begrüßung schon mal mit ihren Wurfäxten.

Kurz dachte ich, nun ginge es uns in zweifacher Hinsicht an den Kragen, doch dann begriff ich, dass ihre Drohgebärden und Schreie nicht uns galten, sondern der Vig. Nur Augenblicke später setzte unser Kiel am Strand auf.

Mit der Dorfbevölkerung zusammen waren wir den Piraten nun zumindest zahlenmäßig ebenbürtig. Das musste auch deren Anführer erkannt haben, denn im letzten Moment ließ er beidrehen, bevor er in zu flache Gewässer gekommen wäre. Das Piratenschiff verschwand aus den Gewässern vor der Küste, aber ich schwöre euch, kurz blickte ich dem gefürchteten Schwarzaxt in die Augen, und er sah auch mich an, als wüsste er, wer ich bin. Und er schien nicht glücklich darüber zu sein, mich entkommen zu sehen. Stattdessen fuhr er sich mit zwei Fingern einmal quer über den Hals. Ich kann euch sagen, das war kein schönes Gefühl. Aber dafür war es umso schöner, ihm dabei zuzusehen, wie er sich mit eingezogenem Schwanz verpisste.

Unsere Seeleute sprangen an Land. Allen voran die Schiffsführerin. Und dann gab es eine fröhliche Begrüßung mit der Abordnung am Strand. Man fiel sich in die Arme, und überhaupt machte die Begegnung eher den Eindruck, als würde eine langersehnte Tochter ruhmreich nach Hause zurückkehren.

Die allgemeine Erleichterung täuschte fast über die Tatsache hinweg, dass die Segel der Otta hinüber waren und es einige

Tage dauern würde, sie zu reparieren. Wie lange genau, hing davon ab, wie schnell man an entsprechendes Tuch gelangen konnte.

Später berichtete mir Frenjadur grinsend, dass wir unwahrscheinliches Glück gehabt hatten. Der Hetman des Dorfs war ein Freund ihrer Mutter. Zudem hatte sie der Siedlung im letzten harten Winter mit einer Fracht Nahrungsmittel ausgeholfen. Daher hatte sie hier auf Hilfe zählen können. Zufrieden klopfte sie mir auf die Schulter. Dann sagte sie mir noch, dass sie froh war, mich und Swanhild an Bord gehabt zu haben. Mein sprichwörtliches Glück hatte uns wohl wieder einmal aus der Patsche geholfen.

Da erst begriff ich, dass auch sie schon von mir gehört hatte. Bin ich denn wirklich so bekannt? Vielleicht sollte ich öfter die Klappe halten, über das, was mir so passiert. Ach, Thorwal hat jede Menge guter Skalden, die euch viel besser unterhalten würden, als ich es kann.

Aber zurück zur Geschichte: Obwohl Frenjadur es zu überspielen suchte, merkte ich doch, dass es sie wurmte, mit dem Piraten nicht die Klingen gekreuzt zu haben. Aber sie wusste auch, dass eine solche Konfrontation für Schiff und Mannschaft von großem Risiko gewesen wäre.

»Man sieht sich im Leben immer zweimal«, tröstete ich sie. »Beim nächsten Mal jagst du wahrscheinlich ihn.«

Die junge Schiffsführerin zuckte die Achseln. »Ich weiß nicht mal, was er überhaupt von uns wollte. Wir sind doch kein Handelsschiff.« Sie legte die Stirn in Falten. »Es gibt Herausforderungen und *Herausforderungen*. Also dafür riskiere ich meine Mannschaft nicht, nur weil ein Friedloser gerade Langeweile schiebt. Aber du hast schon recht. Man sieht sich im Leben immer zweimal, und dann wird er es bereuen, mich durch den Hjaldinggolf gejagt zu haben wie der Ifirnshai den Delphin. Der Drecksack schuldet mir ein verdammtes Segel!«

Ich überlegte kurz, ob ich ihr sagen sollte, dass ich vielleicht der Auslöser für diesen Angriff war. Aber dann hätte sie mich nach den Gründen gefragt, und die waren für mich ebenso nebelhaft wie die Flussauen im Sturmmond. Es war zu diesem Zeitpunkt nur eine Ahnung, nicht mehr. Was hätte ich also sagen sollen? Aber diese Ahnungen, die bewahrheiten sich meistens. Daher schlug ich Swanhild vor, lieber auf dem Landweg weiterzureisen.

Ich nahm die Segelreparatur als Vorwand, aber vor allem warnte mich mein Bauchgefühl, dass wir an Land sicherer wären. Swanhild hatte anscheinend keine gesteigerte Lust, die nächsten Tage in einem Küstenkaff zu verbringen, daher ließ sie sich schnell zu der Wanderung überreden.

Bis Waskir kamen wir leidlich gut voran. Aber dann mussten wir über den Graubjergener Höhenweg durch die Grauen Berge. Aber das ist eine andere Geschichte, die erzähle ich an einem anderen Abend. Wenn der Durst nicht mehr so im Hals kratzt.

—Hjaldar Thorwulfsson im Glücklichen Zechpreller zu Thorwal

Warum man nicht zu Fuß nach Olport reist
Ein Bericht von Swanhild Norrisdottir anlässlich eines Vortrags an der Runajasko zu Olport

Liebe Skolari, ihr habt euch wacker geschlagen. Einige von euch werden bei ihrer Abschlussprüfung vielleicht nicht vollständig versagen … Spaß beiseite, eure Fortschritte beim Verständnis des Luftelements sind wahrlich zufriedenstellend, daher werde ich nun auf vielfachen Wunsch eine weitere Geschichte von meiner Reise mit Hjaldar berichten. Da dies hier eine Lehrstunde ist, lernt ihr dabei auch etwas. Nämlich warum man sich gut überlegen sollte, ob man zu Fuß von Vidsand nach Olport reist. Ja, das haben wir wirklich getan.

Ihr müsst wissen, wir waren kurz vor Vidsand sozusagen gestrandet. Wegen eines Überfalls von Friedlosen. Aber das ist eine andere Geschichte, die erzähle ich ein anderes Mal. Ich war überrascht, als Hjaldar mir vorschlug, uns zunächst nach Vidsand und von dort über Waskir in die Grauen Bergen und dann nach Olport durchzuschlagen. Eigentlich eine wahnwitzige Idee, vor allem, weil der Schlachtmond angebrochen war. Aber einige von euch wissen es ja schon, die Alfen sind mein mehr oder weniger heimliches Steckenpferd. In den Hjaldorbergen sollen einige leben, genau wie im Seufzermoos. Schlussendlich konnte ich der Versuchung nicht widerstehen, wenngleich auch die Jahreszeit nicht ideal war. Aber ein Teil von mir dachte, was einige von euch jetzt auch gerade denken. Ich kann es an euren Gesichtern ablesen. Nämlich dass mit Hjaldar Thorwulfsson, dem Liebling der Runjas, an meiner Seite die wundersamsten Dinge passieren konnten.

Bis Vidsand kamen wir noch recht gut voran. Wer von euch war schon einmal dort? Das sind ja nicht sehr viele. Kein Wunder, viel mehr als Würste und Werften hat die Stadt auch nicht zu bieten. Vor allem wenn man zuvor in Prem oder Thorwal war. Aber viele eurer Skolasystkini aus der Drakkenhalla werden bestimmt später einmal in Vidsand haltmachen, um bei den Vidsander Zimmerleuten ihr Handwerk zu schulen.

Nachdem wir uns dort verproviantiert hatten, folgten wir der Straße nach Waskir. Doch schon nach wenigen Tausend Schritt gab es Ärger. Von einem Weg konnte gar keine Rede mehr sein. Karren fahren da höchstens im Sommer, und wahrscheinlich auch nur, wenn er sehr trocken ausfällt. Wenn aber im Schlachtmond schon der erste Nebel nachts aus dem Boden steigt, stapft man dort durch ein knietiefes Meer aus Schlamm. Natürlich rutschen einem da irgendwann einmal die Füße weg. Wir Olporter sind ja nun wirklich vom Sturm abgehärtet. Aber wer behauptet, Schlammbäder seien gesund und gut für die Haut, der soll ruhig selber mal nach Waskir laufen. So viel Wasser kann man auch als Gandsmidra mit Zauberkraft gar nicht erstarren lassen, dass es für einen sicheren oder zumindest trockenen Weg gereicht hätte. Also mich kriegen da keine zehn Langmähnen mehr hin. Wie auch? Die würden im Schlamm stecken bleiben.

In eurem Leben, das hoffentlich sehr lang und glücklich sein mag, werdet ihr vielleicht ein ums andere Mal diesen Augenblick erleben, in dem man begreift, dass man einen Fehler begangen hat, aber gleichzeitig zu stur ist, um sich das einzugestehen. Also macht man weiter, koste es, was es wolle. So ging es Hjaldar und mir. Wir wussten es beide, aber keiner sagte ein Wort.

Gegen jeden gesunden Menschenverstand keuchten wir durch den Matsch voran, halfen uns gegenseitig auf und hielten mit der puren Kraft des Trotzes durch, bis wir endlich den Waskirer Pfad erreichten. Der ist ganz gut in Schuss, und so kamen wir zum Glück bald wieder besser voran. Zumal Hjaldar, der aus einem kleinen Ort im Waskirer Hochland stammt, sich in der Gegend gut auskannte und so manche Abkürzung zu nehmen wusste. Nachts lauschte ich in die Wälder des Hochlands hinein, denn in der Gegend soll der Quarawarnach umgehen, wie mir Hjaldar berichtete, ein mächtiger Alf, der Reisende verschleppt. Nicht dass ich verrückt danach war, verschleppt zu werden, aber die mögliche Begegnung mit einem Alfen ließ mich all diese Strapazen ertragen. Allein – ich bekam den Quarawarnach nie zu Gesicht. Auch nicht das magische Tor, das irgendwo im Wald verborgen sein und in die Welt der Alfen führen soll. Einige Male sahen wir hoch über uns Harpyien kreisen, aber die ließen uns zum Glück in Ruhe.

Schließlich erreichten wir Waskir. Dieser verschrobene kleine Ort ist ein waschechtes Produkt des hinterwäldlerischen Hochlands. Er kommt mir so vor, als hätte man zwei verfeindete Dörfer zusammen hinter einer Stadtmauer eingesperrt. Jeder, der neu dazukommt, muss aufpassen, nicht in die Fehde zwischen den Ottaskins der Nunnur- und der Farseessonsippe hineingezogen zu werden. Obwohl Torfstechen und Erzabbau oder die Verehrung obskurer Gebirgsgeister nicht gerade meine Leidenschaft wecken, war ich einfach nur dankbar, ein paar Tage in einer sicheren Unterkunft zu rasten, mit einem Dach über dem Kopf und trockenen Stiefeln.

Doch die Zeit drängte, denn jeder Tag, der verrann, war ein Tag, der uns dem Sturmmond näherbrachte. Wir wollten noch die Grauen Berge überqueren. Natürlich hinterfragten wir inzwischen unseren Plan, zumal mich Hjaldar auf die Gefahren des Passes aufmerksam machte. Der Pass war ohnehin nicht im besten Zustand und die Jahreszeit tat ihr Übriges dazu. Dennoch entschieden wir uns dafür, auf Hjaldars Ortskenntnisse zu vertrauen und den Versuch zu wagen.

Erwähnte ich, dass wir stur waren? Außerdem gab es für uns kein Zurück mehr. Wo hätten wir denn hingesollt? Ins düstere Seufzermoos etwa, dieses Moor, in dem regelmäßig Fremde spurlos verschwinden? Gut, wahrscheinlich hätten wir zurück an den Hjaldinggolf reisen können, um von Muryt aus ein Schiff zu nehmen. Aber sonderlich komfortabel schien uns der Weg dorthin auch nicht zu sein. Außerdem waren wir beide nun schon so weit gekommen, also machten

wir uns auf nach Alderbjerg, um von dort aus den Graubjergener Höhenweg zu nehmen.
Ach, ich könnte euch noch einiges von dieser Reise erzählen. Wie wir uns auf dem Pass gefühlt zwanzig Mal verliefen und Hjaldar mir trotzdem versicherte, dass wir gar nicht so übel dran waren, denn es soll schon Reisende gegeben haben, die monatelang in den Bergen umhergeirrt sind. Ein anderes Mal werde ich euch erzählen, wie wir uralte Steingebilde aus gewaltigen Monolithen entdeckten. Oder einmal einer Goblinsippe in die Arme rannten, und wie wir uns mit ihnen einen Kampf lieferten, dabei aber aus Versehen einen Steinschlag auslösten, der uns den Weg abschnitt. Wie wir in den Bergen festsaßen, bis schließlich auf einem Berggrat über uns ein Troll auftauchte, der uns stumm die Richtung wies, sodass wir wieder zurück auf den Pfad fanden. So bewahrte uns der Troll davor, doch noch als Harpyienfutter zu enden.
All das könnte ich noch berichten, aber ich habe euch nun genug von euren Studien abgelenkt. Jetzt hopp, hopp! Übt euch! Und versucht bitte nie, im Schlachtmond durchs Waskirer Hochland zu ziehen.

V

Der Zweikampf

Maighread brai Criosaidh zu Amud al'Alam ibn Faramud abu'l Ketab ibn Rashman ibn Hammed ay Zorgan

So. Schönen Bärendung hast du dir da eingebrockt, Amud. Habe ich dich nicht oft genug gewarnt und dir und deiner flinken Zunge zur Vorsicht geraten? Man macht keine Witze über das Palenkel. Das ist eine ernste Angelegenheit. Natürlich haben die Teilnehmer auch Spaß, aber du verstehst nicht, worum es geht. Wir machen keine Unterschiede zwischen dem, was du Leibesertüchtigung nennst, und einem Wettstreit der Ehre. So übt sich ein jeder im Ringen, im Feldstein-Weitwurf, im Baumstammwerfen und auch im Tauziehen, um nur einige der Disziplinen zu nennen. Dies alles sind nicht nur Späße und Zeitvertreib, sondern vor allem ein Gradmesser für die Kraft und Stärke, aber auch die Ausdauer und die innere Ruhe eines jeden Kriegers. Ein Sieg bedeutet Ehre. Eine Niederlage, dass man noch härter übt, um es im nächsten Jahr besser zu machen.

Selbst das kleine Palenkel eines einfachen Haerads ist ein Ritus voller Tradition. Das ist kein Spiel für Kinder, und du hättest es nicht so nennen dürfen. Wie du aus dem Schlamassel wieder rauskommst? Nun, beweise, dass du ein Mann bist und stell dich dem Zweikampf, zu dem man dich gefordert hat. Das ist der einzige Weg, wie du deine Ehre in den Augen unserer Gastgeber zurückgewinnen kannst. Und übrigens auch in meinen Augen.

Natürlich ist er stärker als du. Und ja, es wird wehtun. Wahrscheinlich wirst du irgendwann ohnmächtig. Aber dann begreifst du vielleicht, welche Schmerzen wir Gjalsker schon in jungen Jahren zu ertragen lernen, damit wir auf der Jagd und im Kampfe bestehen. Zeige uns, dass auch du Schmerzen ertragen kannst, und sie werden deinen respektlosen Worten vielleicht mit Nachsicht begegnen.

Brief des Geschichtenerzählers Amud al'Alam ibn Faramud abu'l Ketab ibn Rashman ibn Hammed ay Zorgan an Yamira saba Harizeth:

O Stern von Zorgan, möge Peraine deinen Gärten die edelsten Früchte schenken und Rahja dein Herz mit Freude erfüllen, sodass alle Sorgen dir fernbleiben.
Ich habe in den letzten Wochen viel über das Volk des Hochlands gelernt. Zum Beispiel, dass sie ihre Wettkämpfe sehr ernst nehmen.
Wir hatten auf unserer Reise gen Olport in einem kleinen Haerad um Gastfreundschaft und eine Unterkunft für die Nacht gebeten. Man nahm uns den Traditionen nach freundlich auf. Während ich mich im Dorf umsah, bemerkte ich, dass die Einwohner Vorbereitungen für Wettkämpfe trafen, indem sie vor dem Dorf eine Laufstrecke absteckten. Sie markierten Plätze für Wurffelder und legten dicke Taue bereit.
Meine harmlose Frage, ob das Tauziehen und der Feldstein-Weitwurf nur für Kinder seien oder ob auch Erwachsene daran teilnähmen, wurde als Hohn aufgenommen.

So sah ich mich durch einen jungen Hitzkopf von vielleicht zwanzig Lenzen mit einer Duellaufforderung konfrontiert. Was ich zunächst für einen Scherz hielt, entpuppte sich als blutiger Ernst.

Selbst meine sonst recht gutmütig veranlagte Freundin Maighread verzieh mir die Bemerkung nicht und bestand darauf, dass ich mich dem Duell stellte. Gegen einen dieser fleischgewordenen Baumstämme anzutreten, erschien mir wie ein Todesurteil. Maighread versicherte mir, dass nicht aufs letzte Blut gekämpft werden müsse, dass der rituelle Kampf um Ehre, Branndori genannt, jedoch meine einzige Möglichkeit war, mir Respekt zu verschaffen. Die Alternative bestand darin, mit Schimpf und Schande davongejagt zu werden. Meiner Begleiterin wäre ich unter diesen Umständen womöglich auch noch verlustig gegangen.

Also trat ich schließlich in einem eigens dafür abgezirkelten Kreis und unter Beobachtung der gesamten Dorfgemeinschaft meinem Kontrahenten gegenüber. Maighread hatte mir den unmenschlichen Brauch erklärt, dem ich mich nun stellen musste. Ich habe die Gjalsker nie für barbarisch gehalten. Bis zu diesem Zeitpunkt.

Wir schlugen nun einander abwechselnd so hart wie möglich aufs Brustbein. Maighread erzählte mir, dass diese Schläge oft sogar noch mit einer Keule oder der stumpfen Seite einer Axt durchgeführt werden – oder auf den Scheitel zielen. Wir schlugen uns zum Glück nur mit Fäusten, dennoch sah ich schon beim ersten Schlag meines Gegners Sterne vor den Augen tanzen. Dann war ich dran. Ich holte so weit aus, wie nur möglich, und legte mein ganzes Gewicht in den Schlag. Aber der Krieger grinste nur. Dann war er wieder dran und lehrte mich, was Schmerzen sind. Ich konnte jederzeit aufgeben. Theoretisch. Aber Maighread hatte mir klargemacht, was es bedeutete, wenn ich nach den ersten Schlägen schon das Ende des Kampfes signalisierte. Alle hätten mich ob meiner Feigheit ausgelacht.

So hielt ich mich irgendwie auf den Beinen, während dieser Kerl, der doppelt so breit war wie ich, mich langsam, aber genüsslich wie ein Stück Schinken mürbe prügelte. Meine Schläge hingegen schienen kaum etwas auszurichten.

Ich weiß nicht, wie lange es so ging. Nach jedem Schlag schrie mich der klare Teil meines Verstandes an, dass die ganze Sache Wahnsinn war und dass die Vernunft gebot, endlich aufzugeben. Aber zugleich wusste ich, dass ich dann meine Suche nach dem Tal des Blutes und den tulamidischen Ursprüngen dieses Volkes begraben konnte. Denn Ehre bedeutet den Cren-Barrach, den Kindern des Hochlands, wie sie sich selbst nennen, alles. Es ist das einzige Gut, das einem nicht genommen werden kann, und daher ist es wertvoller als alles andere. Nach und nach breiteten sich die Schmerzen in meinem ganzen Körper aus, und Schwärze wallte am Rande meines Blickfelds. Doch wie durch ein bitteres Wunder konnte ich immer noch in aller Deutlichkeit das herablassende Grinsen meines Peinigers sehen.

Irgendwann hörte ich ein kurzes Knacken meiner Rippen. Das war nicht gut, soviel war mir klar. Wie schlimm es jedoch wirklich um mich stand, merkte ich erst, als ich husten musste und mir der Speichel rot von den Lippen rann. *Den nächsten Schlag überlebst du nicht.* Dieser Gedanke blitzte durch meinen vernebelten Verstand. Die Welt tanzte, vermutlich, weil ich schon ins Schwanken geriet. Ein paar Pfiffe erklangen aus der Menge. Wahrscheinlich rechneten sie genauso mit meiner Aufgabe wie ich. Doch da erkannte ich zwischen den unbekannten, rauen Gesichtern Maighread. Sie stand in vorderster Reihe und blickte mich ernst an. Ich hatte Geringschätzung erwartet, da ich nicht einmal ansatzweise mit dem jungen Gjalsker mithalten konnte, der mir gegenüberstand. Doch zu meiner Überraschung lag Entschlossenheit in ihrem Blick, und Hoffnung. Sie glaubte an mich. Aus irgendeinem Grund glaubte sie an mich!

Statt die Hand zur Aufgabe zu heben, ballte ich sie zur Faust und trieb sie ein weiteres Mal gegen meinen Kontrahenten, so fest, dass nun auch meine Knöchel bedrohlich knackten. Ich triumphierte, denn zum ersten Mal wankte dieser Bär von Mann unter dem Schlag. An seine Antwort kann ich aber mich nicht mehr erinnern.

Ich weiß nur, dass ich irgendwann aufwachte, da lag ich noch auf dem Boden. Über mir schwebten fremde Gesichter, die aufeinander einredeten. Hände packten mich. Ich glaube sogar, es war mein Gegner, der mich aufhob und in eine der Hütten trug. Maighreads Stimme nahm ich auch vage wahr. Als ich das nächste Mal erwachte, waren meine Hand und meine Brust verbunden. Ich lag auf einem Lager aus Fellen,

Feuer knackte nicht weit von mir entfernt in einer steinernen Umfriedung. Sanfte Hände flößten mir löffelweise warmen Kräutersud ein. Jemand strich mir über die Stirn, und ich schlief wieder ein. Schmerzen hatte ich keine.

Die kamen erst beim darauffolgenden Aufwachen. Da saß Maighread an meinem Bett. Sie erklärte mir, dass ich zwei Tage bewusstlos gewesen war. Der Kampf hatte mir ein paar gebrochene Rippen eingebracht, doch die Brancha-Dûn des Haerad hatte mich mithilfe ihrer heilenden Kräfte und ihres Kräuterwissens wieder auf die Beine gebracht. Das hieß leider nicht, dass mir nicht immer noch alles wehtat. Die Prellungen waren mir nämlich geblieben.

Meine Freude, noch am Leben zu sein, maß sich dennoch mit der Weite des Himmels. Ich bedauerte lediglich, dass ich mich so schlecht geschlagen hatte. Darüber wiederum zeigte sich Maighread verwundert. Niemand hatte erwartet, dass ich so lange durchhalten würde, geschweige denn siegen. Meine Entschlossenheit, bis zur Bewusstlosigkeit zu kämpfen, hatte mir in ihren Augen jedoch ungeahnte Ehre eingebracht, denn so hatte ich bewiesen, dass ich die Traditionen der Gjalsker ehrte und ich kein Feigling war.

Von da an war jedermann im Haerad sehr freundlich zu mir. Die Blicke waren nun nicht mehr nur neugierig oder abweisend, sondern bisweilen auch voller Anerkennung. Sogar mein Gegner aus dem Kampf nickte mir einmal respektvoll zu. Ich erwiderte die Höflichkeit. Damit waren ohne große Worte alle Streitigkeiten beigelegt. Im Laufe des Tages kam er sogar zu mir und bot mir an, mich im Kämpfen zu unterrichten, wenn ich es wünschte, damit meine Faust beim nächsten Mal etwas härter zuschlüge. Ich weiß nicht, ob er mich verspottete oder ob das Angebot ernst gemeint war. Um ihn zu testen, nahm ich an.

Zu meinem Erstaunen zeigte er mir bereitwillig und ohne Zögern einige Bewegungsabläufe. Er ließ mich Probeschläge auf einen mit Erde und Gras gefüllten Sack ausführen. Dabei korrigierte er immer wieder meine Haltung und zeigte mir, wie ich mein Gewicht besser in den Schlag legte. Wir übten Ausweichtechniken, die vor allem auf guter Beinarbeit basierten und darauf, dass ich rechtzeitig meine Fäuste hob, um meinen Kopf und den Oberkörper zu schützen. Kein leichtes Üben, aber ich nahm die Lektionen dankbar an. Abends tranken wir gemeinsam vergorenen Rübensaft und aßen gekochtes Schafsfleisch und Getreidebrei, der aus Emmer gekocht wird, einer robusten Art von Getreide, die auch im Norden gedeiht.

Wir schieden als Freunde. Ich war trotzdem nicht ganz unglücklich, als ich nach ein paar Tagen wieder soweit genesen war, meine Reise fortzusetzen. Ich werde in Zukunft sehr gut aufpassen, was ich sage. Wiederholen möchte ich diese Erfahrung nämlich keinesfalls, wie du sicher mit Freuden vernimmst, o zärtlichste Peraineblüte.

Viele Tage wanderten wir durch die Einsamkeit des Hochlands. Es war nur Maighreads Wildniskenntnissen und ihrer Schnüffelnase zu verdanken, dass wir nicht aus Versehen ins Moor liefen. Unter dem Steppengras und dem Heidekraut lauerten zahlreiche feuchte Flecken unterschiedlichster Größe. In vielen von ihnen kann der Unvorsichtige problemlos versinken. Tagsüber wanderten wir auf Ziegenpfaden über die kahlen Hügel, nachts rasteten wir in kleinen Kiefernwäldchen, um uns vor Regen, Wind und sogar gelegentlichem Schneefall zu schützen. Unser Proviant bestand aus zähem Trockenfleisch und Wurzeln, die wir unterwegs sammelten. Auch hier nutzte meine Begleiterin ihre feine Nase als untrügliches Werkzeug. So gruben wir wilde Zwiebeln aus und kochten daraus in einem kleinen Topf Suppe. Regen, den wir in Maighreads Topf und unseren Bechern auffingen, füllte unsere Wasserflaschen. An trockenen Tagen fing meine Begleiterin nachts mithilfe eines Ledertuchs Tau auf. Manchmal räuberten wir Vogelnester aus oder erlegten mithilfe von Lederschlingen und Ködern kleine Tiere. So kärglich die Nahrung auch war, sie reichte zum Überleben.

Am Tage hielten wir uns durch Bewegung warm, nachts halfen uns dicke Felle, die wir uns tagsüber auf den Rücken schnallten. An besonders kalten und windigen Tagen dienten sie mir auch als zusätzlicher Mantel.

Ich machte es mir zur Gewohnheit, meine steifen Glieder morgens durch Kampfübungen zu lockern. Nach etwa einer Woche erntete ich ob meiner Hartnäckigkeit Maighreads anerkennendes Lächeln. Einige Male bot sie sich als Übungspartnerin an und half mir mit nützlichen Ratschlägen.

Manchmal fanden wir Orkspuren. Maighread beklagte einige Male, dass uns die Zeit fehlte, die Schwarzpelzplage auszumerzen, aber auch sie wollte nach Olport, um unser sogenanntes Schicksal zu erfüllen, an das ich noch immer nicht so recht glauben wollte. Doch ich war froh, dass meine kämpferischen Schulungen zunächst einmal rein theoretischer Natur bleiben durften. Das Schönste an der Reise waren die Brenna-Gon. So nennt man hier die Mammuts, großartige Tiere, nicht nur wegen ihrer gewaltigen Größe, ihres Zottelfells oder der unfassbar großen Stoßzähne. Vor allem ihr behäbiges Bewegungsmuster strahlt unendliche Ruhe und Kraft aus. Kein Wunder, dass die Gjalsker diesen Wesen übergroße Verehrung entgegenbringen. Sie zu stören oder gar zu jagen, ist für sie einer der größten Frevel. Deswegen betrachteten wir die vorbeiziehenden Herden auch nur aus der Ferne.

Nach vielen kalten Nächten, in denen wir abwechselnd am Reisigfeuer Wache hielten, erreichten wir eines Abends Enskar. Das gehört schon zum Gebiet Thorwals.

Der an der Mündung des Thivor gelegene Ort erstreckt sich zu beiden Seiten des Ufers. Während die östliche Seite einer gewöhnlichen Siedlung gleicht, wird die Westseite von einer Ringburg dominiert, die so groß ist, dass sie gut und gerne für mehrere Hundert Leute Platz bietet. Dort sind jede Menge bärbeißiger Krieger stationiert, die die Stadt wahrscheinlich gegen Gjalskerüberfälle verteidigen sollen. Aber es sind bei weitem nicht genug Leute, um die Kapazitäten der Burg auszureizen. Die Gebäude in Enskar sind ähnlich manchen Gjalskerhütten strohgedeckt, aber man erkennt an den Verzierungen und der Länge der meisten Häuser bereits deutlich

einen anderen Stil. Auch kommen bei dieser Bauweise weit weniger Steine, sondern mehr Holz zum Einsatz.
Du musst wissen, dass viele der Häuser hier an umgedrehte Boote erinnern. Die Gebäude wirken wie in die Länge gezogen, und die Spitzdächer reichen fast bis auf den Boden. Eine seltsame Bauweise, die in diesem kalten, windigen Landstrich jedoch ebenso viel Sinn ergibt wie die kleinen Steinhütten der Gjalsker. Es ist, als würden sich die Häuser hier vor dem Wind ducken, um ihn abzuhalten.
Beim Eintritt in die Stadt wurde Maighread aufs Genaueste beäugt, und die thorwalschen Wachen gewährten ihr nur Zutritt, weil ich sie als meinen Begleitschutz ausgab und sie bei den Ahnen schwor, der Stadt kein Übel zu wollen.
Zu meiner Freude gab es ein Gasthaus namens Gjalskerruh. Endlich nutzten mir die Münzen in meinem Geldbeutel wieder etwas, und ich spendierte uns eine Mahlzeit und eine Übernachtung. Maighread verwirrte das Gebaren, war sie doch in ihrem ganzen Leben noch nie in einem Gasthaus untergekommen und verstand nicht, warum man nicht einfach um Gastfreundschaft bitten konnte. Andererseits war sie auch nicht erpicht darauf, an die Tür einer fremden Thorwalersippe zu klopfen, und so setzte ich mich durch.
Im Gasthaus probierten wir aus Neugier nicht nur Olporthering und gegrillte Eisenkrabben, sondern auch ein niederhöllisches Gebräu namens Swafnirsgift, dessen Namen ich meiner Begleiterin verschwieg. Sonst hätte sie es bei ihrer Abneigung Swafnir gegenüber wohl nicht getrunken.

Mit der darin befindlichen Dickmilch und dem Dinkelschnaps war ja noch auszukommen, aber der Fischtran hat mich beinahe dazu gebracht, mein eben gegessenes Abendessen wieder herauszubrechen. Nie wieder! Sogar Maighread, die ja einiges gewohnt ist, verzog bei dem Geruch bereits das Gesicht. Nach dem Trinken schüttelte sie sich wie ein nasser Hund. Wer das erfunden hat, kann doch nicht bei Verstand gewesen sein.

Immerhin brachte uns das Gasthaus ein paar Gespräche mit anderen Reisenden ein und die Warnung, dass die Gjalsker mal wieder einen Überfall planten. Diese Gerüchte scheinen sich aber auch ganz unabhängig von tatsächlichen Angriffen hartnäckig in der Stadt zu halten. Kein Wunder, dass Maighread von vielen schief angesehen wurde. Unter solchen Umständen wollte auch ich dort nicht mehr als eine Nacht verbringen, und wir wanderten bereits am Folgetag weiter.

Die Herrschaftsverhältnisse mochten sich zumindest nominell geändert haben, aber meine Hoffnung auf ausgebaute Straßen im Thorwalerland wurde bitter enttäuscht.

Dabei hatten wir erst die Hälfte der Strecke hinter uns.

Mit den Details der weiteren Reise will ich dich nicht weiter langweilen. Schlussendlich erreichten wir unser Ziel, da war der Boronmond schon angebrochen. Von Olport und seinen Gepflogenheiten schreibe ich dir in Bälde.

Ich verbleibe, o lieblichste Nachtigall unter Krähen, dein ergebener Amud.

Mögen die Zwölfe dir und deinen Lieben auf ewig gewogen sein.

VI

Alte Feinde, neue Freunde

In Olport? Da war ich auch schon mal. Mehr als einmal. Da weht immer eine steife Brise, wenn du verstehst, was ich meine. Aber damals mit Swanhild wurde aus der Brise ein richtiger Orkan. Nein, nicht, was ihr jetzt denkt. Wir sind nur Freunde. Und selbst wenn, an Romantik oder schmusige Kuscheleien bei Feuerschein war auf dieser Reise nicht zu denken, im Gegenteil. Es war eher so, dass das Schicksal über uns hereinbrach wie ein Unwetter. Die besinnliche Muße, die man in anderen Jahren an dunklen Herbstabenden pflegt, hat sich wahrscheinlich irgendwo in den grauen Bergen verlaufen, und sie hat seit damals noch nicht wieder zurück nach Hause gefunden.

Also, dass wir nach Olport gelaufen sind, war schon mal der erste Fehler. Warum man das macht? Ich wurde von einem Piraten gejagt, Mann! Und meine Geschichte riecht nicht fischig. Du riechst fischig. Und Schwarzaxt riecht fischig. Aber wenn du mir nicht glaubst, verpiss dich halt.

Also, ja, der Friedlose Schwarzaxt war ein anderes Problem. Dazu komme ich später. Erst mal waren wir froh, den Rauch der Kochfeuer zu riechen, den die nebelschwere Luft des Sturmmonds auf die Stadt niederdrückte. Und Häuser. Ich hätte nicht gedacht, dass ich mich über etwas so Einfaches wie ein paar Langhäuser mal so freuen würde. Aber nach den kalten Nächten im Gebirge war ich unendlich dankbar für ein Dach über dem Kopf.

Olport, das ist der bebaute Platz zwischen den Ottaskins. Und natürlich die Runajasko auf der Westwindklippe. Genau dort baten wir um Unterkunft. Mir war ein bisschen mulmig, zu den Gandsmider zu gehen. Ein Zauberwirker geht ja noch, aber gleich eine ganze Schule davon?

Allein der Weg die Klippe hinauf ist schon geneigt, jeden Übermut, den man vielleicht mitbringen mag, zu ersticken wie der späte Frost die ersten vorwitzigen Apfelblüten im Bodirtal. Vom steilen Anstieg ermattet steht der Bittsteller demütig vor den Toren.

Allein schon die Schnitzereien der Birkenumfriedung bestätigten alle Gerüchte über die Verschrobenheit der Zauberer. Da waren die eigenartigsten Fratzen ins Holz geschnitzt. Und bei meiner Seele, ich schwöre, eine davon hat mich schelmisch angegrinst und gezwinkert. Es schüttelt mich immer noch, wenn ich daran denke. Swanhild schien daran nichts seltsam zu finden. Ein Lächeln kräuselte ihre Lippen, als sie mir versicherte, dass ich mir das bestimmt nur eingebildet hatte. Na klar, und ich bin Hetman Hyggelik.

Auf Einlass mussten wir nicht lange warten, Swanhild wurde überschwänglich begrüßt. Und auch mir galt ein herzliches Willkommen. Ich glaube, im ersten Moment hielten mich einige für Swanhilds Geliebten, aber selbst als sich herausstellte, das dem nicht so war, blieb die Laune gut.

Ich dagegen war überrascht, wie gewöhnlich das Leben innerhalb der fast weißen Palisade doch wirkte, und das ist nicht abwertend gemeint. Aber statt mystischer Elfen und weißbärtiger Greise, die einen Schritt überm Boden schwebten, sah ich spielende Kinder, Familien und jede Menge Handwerksleute. Die bilden da oben auch Schiffsbauer aus, und Skalden. Wusstet ihr das? Mir war nicht so recht klar, dass die Runajasko so viel mehr ist als Zauberei.

Kurzum, da geht es zu wie in einer Ottaskin. Alle leben gemeinsam in den Wohnhallas. Es gibt wohl ein Gästehaus, aber wer außer hochnäsigen Ausländern will da schon sein? Da kommt man sich doch weggesperrt vor.

Während Swanhild die Runde machte, um alte Freunde zu treffen, beobachtete ich das Treiben der Lehrlinge, die sich hochgestochen ›Skolari‹ schimpfen. Aber im Grunde geht es da zu wie bei jeder anderen Ausbildung. Die Schüler strengen sich an, so viel Unsinn wie möglich zu machen, und am Ende gibt's einen Einlauf von den Meistari.

Am Abend kamen wir in den Genuss der Kunst angehender Skalden, die uns als neue Zuhörer weidlich ausnutzten. Die Verpflegung war solider, als ich es den Zauberern zugetraut hätte. Alles in allem lebte es sich nicht schlecht auf der Westwindklippe. Einen leibhaftigen Sturmgeist oder so habe ich nicht gesehen. Da muss ich dich leider enttäuschen. Wo immer sie die beschwören, sie machen es nicht in der Wohnhalla und auch nicht, wenn Gäste anwesend sind. Ich habe mich auch nicht darum gerissen, bei der Zauberei Zaungast zu sein. Habe gesehen, wie einer von denen mit einem Fingerschnippen Wasser zum Kochen gebracht hat. Das hat gereicht. Dafür habe ich ein paar Firnelfen erspäht. Ein schweigsames Völkchen ist das.

Na, am nächsten Tag sind wir dann zu Jörn Hjalkasson, dem Sternkundigen, gegangen. Der gehört zur Rangoldsson-Sippe, und so sind wir gleich morgens runter nach Olport und haben da nach ihm gefragt. War auch kein Problem.
Er hörte sich unser Ansinnen wohlwollend an und schien sogar eine gewisse Herausforderung in unserer, wie ich zugeben muss, kruden Schilderung zu sehen. Aber er meinte auch, er würde Zeit brauchen.
Also blieb für uns nicht viel mehr zu tun, als es uns die nächsten Wochen in Olport gemütlich zu machen. Erst am letzten Tag des Sturmmonds sollten wir uns wieder blicken lassen.
Was macht man nun im Spätherbst in Olport? Für Swanhild war es einfach, die kümmerte sich um ihre Studien, konferierte mit ihren ehemaligen Lehrern über die Verfeinerung ihrer Zauber und half einigen Skolari bei deren Studien.
Ich dagegen hielt es an der Akademie nie lange aus. Gerne stattete ich der Hvalur-Halla, dem Swafnirtempel, einen Besuch ab. Da gibt es ja immer was zu sehen. Nicht nur, weil er aus dem gleichen Kreidefels erbaut wurde, der Olport auch seine charakteristischen Klippen beschert hat, oder weil das Gebäude einem Wal nachempfunden wurde oder Springbrunnen gleich hinterm Eingang hat, da hat Prem schon die größere Fontäne. Mich zogen die zahlreichen Wandbilder an, auf denen man nicht nur das Swafnirland zu sehen bekommt, sondern auch Jurgas Landung und die ersten Siedler. Da weiß man doch, dass man auf dem Boden großer Geschichte steht. Trotzdem ist der Stil der Bilder ebenso ungewöhnlich

wie die zahllosen Opfergaben, die man überall im Tempel finden kann und die von mutigen Herferdern in aller Welt gesammelt wurden. Und dann ist da ja auch noch Jurgas Seeschlange! Oder besser gesagt, ihr Kopf. Der nimmt allein fünfzehn Schritt ein. Selbst so vertrocknet wie eine Moorleiche kann einen die tote Hranngarbrut noch das Fürchten lehren, sag ich euch. Alles in allem habe ich viele Stunden damit zugebracht, mir das alles anzuschauen.

Nach und nach klapperte ich alle Tempel ab und auch so manche Ottaskin. Ich machte lange Spaziergänge auf den Kreideklippen, verpflegte mich in der Kaufmannshalle am Jurgaplatz, trank ein Bier im Gasthaus für die Fremdländer und schaute beim Bau der Schiffe auf der neuen Werft zu. Nach zwei Wochen hatte ich jedoch alles gemacht, außer die Möwen am Hafen zu zählen und den Turm oben bei der alten Zwingfeste der Mittelreicher zu erklettern.

Langeweile war für mich eine eher ungewohnte Erfahrung. So schön ich es auch fand, dass rein gar nichts passierte, so sehr wunderte es mich auch. Mein Leben war außergewöhnlich ruhig. Zu ruhig. Unwillkürlich fragte ich mich, ob die Runjas vielleicht das Interesse an mir verloren hatten, doch dann sprang eines Abends die Katze eben doch vom Dach. Und zwar mit ausgestreckten Krallen.

Zufällig war es ein Tag, an dem sich Swanhild einem meiner Streifzüge angeschlossen hatte. Wir hatten beide Lust auf Prembutt, gebackene rote Rüben und Birnen in Holundersirup. All das bekam man im Gasthof, und das Schöne dort ist, dass man so viel essen kann, wie man schafft. Wir waren also darauf aus, uns an diesem Abend so die Bäuche voll zu schlagen, dass wir zur Runajasko rollen konnten. Ja, ich weiß selbst, dass es schwer ist, einen Berg raufzurollen, aber du musst ja nicht alles wörtlich nehmen, was ich sage.

Zum Ende des Sturmmonds geht die Sonne ja schon früh unter, und auf den Dächern und zwischen den Häusern lag bereits zwei Finger hoch Schnee. Daher war es zwar noch gar nicht übermäßig spät, als wir gut gelaunt von unserem Gelage kamen, allerdings war es bereits so dunkel wie in einem Bärenarsch.

Im Schein einer Sturmlaterne stapften wir Arm in Arm Richtung Jurgaplatz, da bemerkte ich einen Schatten an einer Hauswand vor uns. Einen breitschultrigen Schatten. Ich konnte Swanhild gerade noch eine Warnung zurufen und meine Axt ziehen, da sprang der Besitzer des Schattens uns schon in den Weg. Und er war nicht allein. Zwei weitere Halsabschneider verstärkten das Überfallkommando. Hinter uns waren auch welche. Bevor Swanhild etwas sagen konnte, zuckte sie plötzlich wie von einem unsichtbaren Schlag getroffen.

Sie wankte und griff sich fluchend an die Augen. Mir wurde klar, dass das ein richtig gut geplanter Überfall war. Erst fragte ich mich, mit wem die mich wohl verwechselten, schließlich hatte ich mit niemandem in der Stadt Streit. Jedenfalls nicht zu dem Zeitpunkt. Und Reichtümer waren ja bei mir auch nicht zu holen. Also beschimpfte ich die ehrlosen Halunken und ihre Ahnen, aber das half mir nicht.

Swanhild hob trotz ihrer offensichtlichen Blindheit die Hände und begann, mit dumpfer Stimme einen Spruch zu intonieren, da fegte ihr ein Windstoß regelrecht die Worte aus dem Mund. Und der Windstoß wollte gar nicht von ihr ablassen. Er fuhr ihr ins Haar und unter den Mantel und umwehte sie so heftig, dass sie erstickt husten musste.

Ich hatte leider keine Zeit, auf sie zu achten, weil ich von zwei dieser Lumpen bedrängt wurde, einem Weib und einem Kerl. Ich erkannte eine hässliche lange Narbe auf ihrem Gesicht, er hatte eine Gesichtshälfte so tätowiert, dass sein Kopf zur Hälfte wie das Maul eines Hais aussah. Sie führte ihre Streitaxt mit der Leidenschaft eines Menschen, der gern Blut sieht, er gab sein Bestes, schneller dabei zu sein, mir die Rübe abzuhacken. Zum Glück war ich flink genug, mich unter den Hieben weg zu ducken, und einmal landete ich sogar einen Treffer, aber ihr gelang es, im letzten Moment noch den Oberkörper zu drehen, sodass mein Hieb in ihrem Lederharnisch stecken blieb.

Swanhild musste wohl noch einen weiteren Zauber einstecken, diesmal stöhnte sie auf vor Schmerz. Sie selbst kam jedoch nicht zum Zuge.

Da erklang neben uns eine spöttische, dunkle Stimme, die unsere Gegner aufforderte, nicht zu grob mit uns umzugehen, schließlich bräuchte man uns noch lebend. Zumindest kurzfristig. In den Schein meines Lichtkegels trat der Mann, der uns schon die Überfahrt von Prem versaut hatte, nämlich niemand anderes als Schwarzaxt.

Siehst du, ich habe doch gesagt, ich wurde von einem Piraten gejagt. Und da stand er vor uns. Seine Leute waren wie scharf gemachte Kettenhunde, absolut beißwütig. Schwarzaxt grinste so breit, als hätte er das dreckige Grinsen erfunden. Meine Angreiferin mit der Axt und ihr Kumpel umschlichen mich genüsslich. »Hast du nicht gesagt, wir brauchen nur seine Haut?«, fragte sie lauernd.

»Planänderung«, verkündete der Pirat. »Ich habe inzwischen erfahren, dass die Gandsmidra auch eins hat. Und sie waren bei Jörn Hjalkasson. Die sind da einer Sache auf der Spur, und ich will wissen, was genau das ist.«

Ich brauchte ein paar Augenblicke, bis mir dämmerte, dass die von unseren Hautbildern sprachen.

»Die Schlaue lasst also leben«, höhnte Schwarzaxt, »den Tölpel könnt ihr erledigen.«

Meine beiden Möchtegernhenker freuten sich wie Kinder am Swafnirtag.

Ich musste Zeit schinden, soviel war mir klar. Obwohl ich selbst nicht wusste, worauf ich hoffte. Vielleicht darauf, dass eine aufmerksame Seele die Anwesenheit der Friedlosen mitten in Olport bemerkte? Auf Swanhild konnte ich in diesem Moment nicht zählen, sie kämpfte darum, bei Bewusstsein zu bleiben. Und wann immer sie einen Zauberspruch aussprach, wurde sie von mächtigerer Magie gestoppt. Ich konnte ihr nicht beistehen. Zwischen ihr und mir stand Haifischgesicht.

»Macht mal halblang«, verlegte ich mich daher aufs Reden. »Ihr könntet mir ja wenigstens mal erklären, warum ihr mir an den Kragen wollt, ihr Heringe? Ihr seid doch nicht ernsthaft neidisch wegen eines kleinen Hautbilds von Norri Karvensson.«

»Kleines Hautbild?« Schwarzaxts Lachen hallte durch die Gasse. Doch als wäre ihm urplötzlich klargeworden, dass Heimlichkeit sein Freund war, flüsterte der Pirat seine nächsten Worte: »Du weißt offenbar gar nicht, auf was du da sitzt, Bursche. Oder du bist dümmer als ein Plattfisch? Aber gut, dass du uns gleich nochmal beweist, dass wir keine Verwendung für dich haben, sondern nur für ein Stück deiner Haut. Und jetzt beeilt euch, bevor wir zu viel Aufmerksamkeit erregen.«

Der Pirat schnalzte mit der Zunge, und sofort sprang meine Freundin mit der Axt auf mich zu, um mir einen spielerischen Hieb zu versetzen. Auch Haifischfresse brachte sich wieder in Position.

Doch die Runjas hatten andere Pläne.

Denn in diesem Moment schrie in der Dunkelheit jemand auf, und dann kam etwas durch die Gasse auf uns zu. Es sah aus wie ein Mischwesen aus Mensch und Wildsau! Die Gestalt ähnelte der eines Menschen, aber die Beine waren kürzer und breiter, die Schultern massiger und die Kiefer stärker und breiter als die eines Orks. Und habe ich schon das Gewaff erwähnt? Kann sich keiner ausdenken, sowas!

Wütend trieb das Wildschweinwesen einem Piraten aus der zweiten Reihe seine Hauer in die Schulter und biss einfach ein Stück heraus. Außerdem schwang es eine krude

Doppelblattaxt, die der Waffe meiner Angreiferin in nichts nachstand. Hinter der Bestie sah ich noch einen schmaleren Schatten, aber dann ging alles zu schnell, um Einzelheiten klar auszumachen.

Die Wildsau-Mensch-Kreatur pflügte die Gasse entlang wie ein zotteliges Geschoss aus purer Wut und stürzte sich auf meine Feinde. Selbst Schwarzaxt tänzelte aus dem Weg. Dann gab es noch mehr Durcheinander, denn jäh hüllte uns Nebel ein und gleichzeitig hörte ich Swanhild murmeln.

Das Wildschweinwesen brüllte voller Zorn. Es verkrallte sich in Haifischfresse und riss ihn zu Boden. Weiter entfernt polterten Stiefel.

Meine Gegnerin war ob der Lageänderung verwirrt genug, mich nicht weiter anzugreifen. Stattdessen hob sie die Axt, um der neuen Angreiferin den Garaus zu machen. Aber die rollte verkeilt mit Haifischgesicht über den Boden.

Jäh erklang ein durchdringender Pfiff. Sofort lösten sich die Piraten aus dem Kampf. Selbst dem Haifisch gelang die Flucht. Vielleicht auch, weil das Wildschweinwesen ihn gehen ließ, sobald es merkte, dass er sich zurückzog. Aber ich sah das Blut an seiner Rüstung kleben. Er presste sich die Linke auf den Hals, als er in der Nacht verschwand. Und mit dem Abzug der Piraten verzog sich auch der Nebel.

Als eine Gruppe Bewaffneter von der Wellenbrecher-Ottajasko nur wenige Augenblicke später in der Gasse auftauchte, um nach dem Rechten zu sehen, standen da nur noch Swanhild und ich. Und ein schmächtiger Mann, dessen Haut und Haarfarbe seine südländische Abstammung verrieten, sowie eine junge, erfreulich kräftig gebaute Frau. Die Frau rappelte sich gerade hoch. Ihre Haartracht und ihre Hautbilder wiesen sie als Gjalskerin aus. Ihr Gesicht mochte ein wenig kantig sein, aber von Wildschweinhauern und Borstenfell war keine Spur mehr zu sehen. Auch ihre Gestalt wirkte nun ganz und gar menschlich.

Die Gjalsker Angewohnheit, die von Hautbildern verzierten Oberkörper nicht zu bedecken, lenkte die Wellenbrecherjungs und -mädels lange genug ab, damit sie uns nicht gleich wegen Krawallmacherei eins aufs Dach gaben. Als sie dann noch in Swanhild eine Olporter Gandsmidra erkannten, entspannten sie sich sichtlich.

Dann fragten sie uns noch, ob etwa Wildschweine in der Stadt wären. Wir schüttelten alle die Köpfe, als hätten wir uns abgesprochen. Ich konnte mir selbst nicht erklären, was ich gesehen hatte, bevor der Nebel aufgekommen war, aber ich hatte schon begriffen, dass diese beiden, der Südländer und die Gjalskerin, uns zu Hilfe gekommen waren.

Ich vermeldete den Wellenbrechern noch die Anwesenheit der Piraten, und auch Swanhild bestätigte meinen Bericht. Damit hatten sie für den Abend genug zu denken. Es empörte sie sichtlich, dass die Friedlosen eine derartige Dreistigkeit besaßen, einfach durch Olport zu spazieren. Ich konnte mir nicht verkneifen, anzumerken, dass Friedlose nun mal eben dorthin gingen, wo man sich ihrer nicht erwehrte.

Das hätte mir fast die nächste Prügelei eingetragen, aber ganz von der Hand weisen konnten sie meinen Vorwurf auch

nicht. Sie unterstellten mir aber, dass ich vielleicht ein bisschen übertrieb und wir gar nicht Schwarzaxt gesehen hatten, sondern vielleicht nur irgendeinen Flussräuber, und dass ich mir mal Augen und Ohren waschen müsste.
Dann zogen sie ab, wahrscheinlich, um zwischen den Ottaskins nach dem Rechten zu sehen und die anderen Ottajaskos vor den Piraten zu warnen. Und das ist die Geschichte, wie ich Schwarzaxt, dem Friedlosen, ein zweites Mal entkam.
—Hjaldar Thorwulfsson im Glücklichen Zechpreller zu Thorwal

Maighread brai Criosaidh zu Hjaldar Thorwulfsson, Swanhild Norrisdottir und Amud al'Alam ibn Faramud abu'l Ketab ibn Rashman ibn Hammed ay Zorgan

Habe Dank, Thorwulfsson, für dieses schäumende Getränk. Ich will dir nun berichten, wie Amud und ich euch gefunden haben und warum wir euch geholfen haben.
Ihr seid der Grund, warum ich Mortakh, mein Haerad, meine Heimat im Hochland, verließ, um hierher ins Land der Thorwaler zu wandern. Ebenso seid ihr der Grund, warum Freund Amud mich begleitet hat. Wir beide entdeckten, dass wir ähnliche Bilder auf unserer Haut tragen. Seht ihr? Ich sehe an eurem Blick, dass ihr erkennt, wer diese Bilder gestochen hat. Derselbe, dessen Namen du in der Gasse gerufen hast. Norri Karvensson gab uns diese Bilder. Und mit ihnen eine Aufgabe.

Seht ihr die Wellen hier und hier? Amud fand heraus, dass sich in dem Muster Runenzeichen verbergen. Ich habe unsere Brenchi-Dûn befragt, warum das Schicksal mir und Amud die gleichen Runen gab, obwohl wir doch von so fernen Orten stammen. Und sie schickten uns hierher nach Olport, auf dass wir die Antwort finden.

Die Brenchi-Dûn haben die Wahrheit gesprochen. Denn kaum setzten wir unseren Fuß in diese Stadt der Torffeuer und der Kreidefelsen, da hörten wir, dass zwei Menschen in Bedrängnis waren. Und als du Norri Karvenssons Namen sprachst, da hörte ich den Ruf des Schicksals und widersetzte mich ihm nicht. So kam ich, euch zu helfen. Nun hoffe ich, dass ihr uns sagen könnt, welches gemeinsame Schicksal uns erwartet, sodass wir es erfüllen und wieder in die Heimat zurückkehren können.

Warum schaut ihr mich so verwundert an? Weil ihr mein Odûn gesehen habt? Ja, es ist wahr, das große Wildschwein verleiht mir seine Kraft im Kampf. Warum seid ihr davon so überrascht? Kennt man in eurem Volk die Odûn denn nicht?

—belauscht im Gasthof in Olport

Brief des Geschichtenerzählers Amud al'Alam ibn Faramud abu'l Ketab ibn Rashman ibn Hammed ay Zorgan an Yamira saba Harizeth:

Lieblichste Rose, deren Schönheit die Orchideen vor Neid welken lässt, ich hoffe, dir und deinen Lieben geht es gut und ihr seid gesegnet von den Göttern.

Nun schreibe ich dir von Olport aus. Tatsächlich habe ich es bis hierher geschafft. Maighread und ich handeln mittlerweile wie ein eingespieltes Paar. Als wir nach Olport kamen, wurde unsere Stärke einmal mehr auf die Probe gestellt. Die Sonne scheint inzwischen nur noch sporadisch. Sie geht spät auf und früh wieder unter. So war es am Nachmittag bereits finster in den Gassen. Doch während wir uns gerade zum einzigen Gasthaus der Stadt durchfragten – hierbei mussten meine bröckeligen Kenntnisse der Thorwalschen Zunge herhalten – hörten wir verdächtigen Kampflärm aus einem der engen Gässchen und gedämpfte Stimmen. Wir verstanden nur wenige Bruchstücke, darunter jedoch den Namen Norri Karvensson.

Nun gab es für Maighread kein Halten mehr. Überzeugt, dass sie ihr Schicksal gefunden hatte, stürmte sie vorwärts in die Gasse.

Von diesem Augenblick an nahm das Schicksal tatsächlich unaufhaltsam seinen Lauf. Wir fanden zwei junge Leute in Bedrängnis vor, die sich gegen eine Gruppe von sechs Angreifern mehr schlecht als Recht verteidigten. Einer davon murmelte Zaubersprüche aus der zweiten Reihe. Er stand gerade außerhalb des Lichtkegels der jungen Leute, sodass er von ihnen nicht gesehen werden konnte. Dieser Zauberwirker trug keine Magierrobe und auch sonst keine Zeichen seines Standes. Lediglich sein Stab wies ihn als Magier aus. Hinzu kam die Tatsache, dass er offenbar einen Dschinn der Lüfte beschworen hatte, den er auf eines seiner Opfer gehetzt hatte: eine junge Frau, die ebenfalls einen Magierstab mit sich führte. Ich sah, wie ein unerklärlicher Wind an ihrem Haar und ihrer Kleidung zerrte, und ihr sogar den Atem zu rauben schien.

Ob Maighread den Magier als Bedrohung erkannte oder er ihr zufällig im Weg stand, vermag ich nicht zu sagen. Fakt ist: Sie packte ihre Axt und stürmte blindlings vor, um die zwei Bedrängten zu retten, während sie sich gleichzeitig der haarsträubenden Verwandlung unterzog, die ich inzwischen schon kannte.

Bei den Herrschaften in der Gasse verfehlte der schauerliche Anblick seine Wirkung jedoch nicht. Fast schon im Vorbeigehen biss Maighread den Magier in die Schulter, sodass er aufschrie und ins Taumeln geriet. Da stolperte er doch direkt in mein Kurzschwert.

Leider saß mein Hieb nicht so gut, dass dem Magier gänzlich die Lichter ausgegangen wären, und so hetzte er seinen unsichtbaren Diener auf mich. Aber ich musste mich nicht lange sorgen, denn inzwischen bahnte sich Maighread mit brutalen Axthieben einen Weg zu den beiden Leuten, die

sie mit dem untrüglichen Instinkt ihres Odûn als ihrer Hilfe bedürftig identifiziert hatte. Durch die Enge der Gasse kam es schnell zum Handgemenge, in dessen Verlauf Maighread einen besonders brutal aussehenden Burschen niederrang.
Im nächsten Augenblick kam überraschend Nebel auf. Ich glaube, die junge Magierin wirkte diesen Zauber, nachdem sie endlich wieder nach Luft schnappen konnte.
Diese unübersichtliche Entwicklung und Maighreads wilde Entschlossenheit schüchterten die Feinde soweit ein, dass sie sich zur Flucht wandten. Auch der Magier gehorchte. Der dienstbare Luftgeist hielt alle meine Hiebe von seinem Herrn ab, während dieser mir noch ein Abschiedsgeschenk zudachte: Er schleuderte einen Zauber auf mich, der mir für einige Augenblicke die Sinne raubte. Als ich wieder klar denken konnte, war die Gasse fast leer, abgesehen von uns und unseren uns gänzlich unbekannten Schutzbefohlenen.
Kurz darauf mussten wir uns noch mit ein paar Stadtbütteln auseinandersetzen. Wobei Letzteres vielleicht zu viel gesagt ist. Die Leute, die schließlich der Ursache des Lärms auf den Grund gehen wollten, wirkten eher wie eine Bürgerwehr. Womöglich waren es auch einfach nur Anwohner, die sich gestört fühlten. Bei diesen bis an die Zähne bewaffneten Barbaren in Thorwal weiß man ja nie, ob man gerade einen Büttel, eine Banditin oder eine Bäuerin vor sich hat. Oder womöglich ein bisschen von allem.
Immerhin erfuhren wir wenig später bei einem erstaunlich malzigen Dinkelbier in einem Gasthof, der den überaus ori-

ginellen Namen ›Gasthof‹ trägt, was es mit den Hautbildern auf sich hat: Wie auch Maighread und ich verfügen unsere neuen Bekannten jeweils über solch ein Hautbild, und sie vermuten, dass diese Bilder eine Sternenkonstellation verschlüsseln! Dass wir aufgetaucht waren, erfreute besonders die junge Magierin, die im Übrigen der örtlichen Akademie angehört, denn sie erhofft sich durch unsere Bilder weiterführende Informationen. Sie schrieb sich die Runen von unseren Bildern ab und verkündete zufrieden, dass sie darüber mit einer Frau aus der Zauberschule sprechen wolle. Askra Lingardsdottir, eine Runenschöpferin, die sich mit dieser Art Symbolik bestens auskannte. Im Gegenzug erfuhren wir von Swanhild, so heißt die Dame, und Hjaldar, dem jungen Mann, dass die beiden bereits Nachforschungen bezüglich der Sternenkonstellation angestellt hatten.

Auf meine Frage, wer denn die Schurken aus der Gasse waren, umwölkten sich ihre Blicke. Dann gestanden sie uns, dass es sich bei den Angreifern um Friedlose handelt. Vogelfreie Verbrecher, die in diesem Fall leider auch noch über Schiffe verfügen. Mit anderen Worten: Piraten.

Warum es die Piraten auf ihn und Swanhild abgesehen haben, konnte Hjaldar mir nicht sagen. Ich fragte, ob einer der Piraten, ein großer Kerl mit strähnigem dunklem Haar und finsterem Blick, damit zu tun haben könnte, weil er ein Hautbild ähnlicher Machart am Unterarm trüge. Eine Möwe, umgeben von einem Runenkranz, der dem meinen ähnelte. Meine Aussage trug mir entsetzte Blicke ein.

»Mein Vater Norri Karvensson hat mit Sicherheit keinem Friedlosen ein Hautbild gestochen«, verkündete Swanhild steif.

Als ich ihr das Bild beschrieb, das ich selbst natürlich auch nur flüchtig im flackernden Schein meiner eigenen kleinen Laterne gesehen hatte, schien sie zu zweifeln. Aber vollständig überzeugen konnte ich sie nicht. Schließlich entschied sie, dass man höheren Rat einholen müsse. Und zwar bei einem Diener des Swafnir. »Morgen gehen wir zum Tempel«, beschloss sie, »und klären das!«

Unsere nächste Diskussion drehte sich um den Magier, der den Piraten beigestanden hatte. Der Umstand, dass er elementare Magie gewirkt hatte, bereitete Swanhild Sorgen. »Es war, als wüsste er genau, was ich tun würde. Er schien meine Fähigkeiten zu kennen und ist mir jedes Mal zuvorgekommen. Wenigstens konnte ich uns am Ende zumindest mit einer Nebelwand schützen.« Kaum unterdrückter Zorn vibrierte in ihrer Stimme. »Ich sage es nicht gern«, angewidert verzog sie das Gesicht, »aber ich glaube, er kommt von der Runajasko. Und er kennt mich persönlich. Nur so war es ihm möglich, mich derart in die Defensive zu drängen.«

»Das würde aber bedeuten, dass er wahrscheinlich selbst gar kein Friedloser ist«, warf Hjaldar erschrocken ein.

»Noch nicht!« Swanhild knurrte fast. »Aber wenn ich mit ihm fertig bin, wird er einer sein. Wer sich mit solchem Pack verbündet, dem geschieht es nur recht!«

»Es würde erklären, warum Schwarzaxt in die Stadt kam und dass er wusste, wo er uns findet. Die halbe Runajasko wusste, dass wir heute bei Selma essen würden.«

Maighread und ich folgten dem Wortwechsel andächtig. Ihr Thorwalsch war schlechter als meins, aber die Tierkriegerin schien es nicht zu kümmern, dass sie nur die Hälfte verstand. Sie wartete geduldig ab, bis wir unsere nächsten Schritte festlegten. In der Zwischenzeit sprach sie dem Bier zu – und dem Essen, das es reichlich gab. Dabei erfreute sie sich sichtlich an der Vielfalt der Speisen, von Fisch über gebackene Wurzeln, Suppe, gesalzene Eier, Grütze bis hin zu eingelegten Beeren. Mit dem gesunden Appetit einer kräftigen Wildsau stopfte sie solche Mengen davon in sich hinein, dass selbst die Thorwaler staunten.

Im Lauf der nächsten Stunden kamen Swanhild und Hjaldar zu dem Schluss, dass Schwarzaxt, der Piratenkapitän, und sein wilder Haufen an diesem Abend wahrscheinlich nicht noch einmal angreifen würden. Doch je länger wir in der Stadt blieben, desto größer wurde das Risiko, den Schurken noch einmal in die Arme zu laufen.

Auch stellte Swanhild mit großem Bedauern fest, dass selbst die Akademie nur bedingt sicher war, wenn dieser Schwarzaxt dort einen Verbündeten hatte. Ich beschrieb ihr den Magier, so gut ich konnte, aber da er im Gegensatz zu den furchteinflößenden Piraten nur wenige herausragende Merkmale besessen hatte, konnte sie den Delinquenten nicht zweifelsfrei identifizieren. Hinzu kam, dass meine Aussage nicht als Beweis taugte. Wahrscheinlich nicht einmal bei einer Gegenüberstellung, denn ich war ein Fremder, und es brauchte für die Akademie schon mehr als die Aussage eines dahergelaufenen Geschichtenerzählers, um einen so schweren Vorwurf zu stützen.

Die Stadt zu verlassen, war auch keine Option, denn schließlich warteten Hjaldar und Swanhild noch auf die Ergebnisse eines Sternenkundlers bezüglich ihrer Hautbilder. Zudem war ja auch noch die Bedeutung der Runenschrift zu klären.

Angesichts dieser vertrackten Lage schlug ich einen verwegenen Plan vor. Wir mussten eine falsche Fährte legen, die es so erscheinen ließe, als hätten wir die Stadt verlassen, während wir selbst untertauchten, bis der Sternenkundler seine Arbeit erledigt hätte.

Die Zauberin fand schließlich eine praktische Lösung für meinen kühnen Vorschlag: Unter der Akademie gab es Katakomben, die nicht jedem zugänglich waren.

So bat sie noch in derselben Nacht eine ihr vertraute Lehrkraft, uns dort unterzubringen. Dazu mussten wir nicht einmal die Tore der Akademie passieren. Es gibt noch andere Zugänge, doch darüber darf ich leider kein weiteres Wort verlieren.

Über ebenjene Lehrkraft will Swanhild nun heimlich Kontakt zu der Runenschöpferin aufnehmen, die uns weiterhelfen soll. Bis wir mehr wissen, müssen wir nun in unserem Versteck ausharren.

Die Katakomben sind faszinierend. Ich habe jedoch geschworen, das Wissen über ihre Lage und ihre Erscheinung niemals weiterzugeben. Ich kann dir also leider nichts darüber erzählen. Immerhin lässt mir die Entwicklung der Dinge Zeit, dir in aller Ruhe Briefe zu schreiben.
Nach allem, was ich inzwischen erfahren habe, beginne nun auch ich langsam an das verborgene Wirken des Schicksals zu glauben, von dem die Nordländer so überzeugt sind. Ich reiste hierher, um mehr über die Vorfahren jener Gjalsker zu erfahren, und nun bin ich Teil einer Suche, von der ich noch nicht einmal weiß, um was genau sie sich dreht. Wenn mein Freund Norri tatsächlich eine geheime Botschaft in all dem verschlüsselt hat, dann frage ich mich, womit ich dieses Dschinnengeschenk verdient habe.

O Stern des Abends und des Morgens, wünsche mir Glück, auf dass diese Suche ein glückliches Ende finden möge. Mögen die Zwölfe dir stets gewogen sein und dir Glück und Gesundheit schenken.

Ich verbleibe dein ergebenster Amud.

VII

Swafnirs Werk und Ögnirs Beitrag

Ihr wollt jetzt unbedingt wissen, wie es weiterging mit mir, Swanhild und unseren neuen Freunden? Letztere hatten einigermaßen unaussprechliche Namen. Maighread brai Criosaidh, ja genau, man spricht das Mä-red-brä-Krei-see, oder so ähnlich, und immer schön das R rollen. Amud, der Tulamide, hatte so viele Vaters- und Großvatersnamen, dass ich mal bei Amud Faramudsson bleibe.

Zusammen saßen wir in Olport fest. Zumindest bis Jörn Hjalkasson uns gesagt hat, wo uns die Sternenkonstellation hinführt. Außerdem erhofften wir uns weitere Hinweise von der Runenschöpferin Askra Lingardsdottir, einer der begabtesten Runenschnitzerinnen von Olport.

Maighread und Amud trugen nämlich auch kleine Karvensson-Kunstwerke auf der Haut.

Gemeinsam suchten wir einen Unterschlupf. Leider darf ich nichts darüber sagen, denn es ist ein geheimer Ort, nur so viel: Ich hätte nicht gedacht, dass man es sich in einer Höhle so wohnlich einrichten kann.

Nein, es ist wirklich ein Geheimnis. Und ja, natürlich mussten wir uns verstecken. Schwarzaxt hatten wir ja nur vertrieben, nicht erledigt. Es war also klar wie Wassersuppe, dass der noch irgendwo lauerte und nur auf eine Gelegenheit wartete, diesen hübschen Kopf hier von seinen Schultern zu trennen. Letztlich verbrachten wir die Folgetage in unserem Geheimversteck. Nein, es war kein Hinterzimmer eines Freudenhauses. Ich

bin nicht mal sicher, ob es das in einer ehrwürdigen Stadt wie Olport überhaupt gibt. Aber unterhaltsame Idee, das wohl!
Jedenfalls hockten wir stundenlang in einer kleinen Kammer aufeinander. Maighread, die aus dem Hochland der Gjalsker kommt, ging fast die Wände hoch. Aber Swanhild und Amud verstanden sich auf Anhieb ausgezeichnet. Wahrscheinlich, weil sie beide ihre Nasen gern in Bücher stecken.
Die beiden waren es auch, die uns der Lösung des Rätsels näherbrachten. Weil nämlich Swanhild in dem prächtigen Wildschwein, mit dem Norri Maighreads Körper verschönert hatte, das Sternbild Gehörn erkannte. Passte ja auch, wo es doch heißt, dass das Gehörn für Starrsinn, Durchhaltevermögen und Willenskraft steht. Das trifft auf so eine Wildsau durchaus zu. Und es passte natürlich auch zu Maighread, denn die konnte sich immerhin in eine Wildsau verwandeln. Woher sie die Fähigkeit hat? Keine Ahnung. Sie wurde damit geboren, wenn ich das richtig verstehe. Irgendein Tiergeist hat sie auserwählt. Gjalsker halt, das ist ein anderer Menschenschlag. Man muss einfach hinnehmen, dass die völlig verschroben sind. Dann kann man gut mit ihnen auskommen – zumindest, wenn man nicht an der Küste der Gjalsker Halbinsel oder in Enskar wohnt.
Amud hatte neben einem Buch und einer Schreibfeder einen Strahlenkranz verpasst bekommen. Für was das jetzt astrologisch steht, muss ich ja wohl nicht erklären.
Diese neuen Hinweise ließen wir durch eine Vertraute heimlich zum alten Hjalkasson bringen. Von da an ging alles ganz schnell.

Jörn ließ uns ausrichten, dass unsere Fragen endlich Sinn ergäben, und nur wenig später ließ er uns seine Vermutung zukommen.
Der Drache, der Wal und das Gehörn gaben einen Hinweis auf die nördlichen Olportsteine. Schließlich war da noch Amuds Hautbild mit dem Strahlenkranz, den Norri selbst dem Tulamiden gegenüber als Symbol für die Sonne genannt haben soll.
Jörn deutete es so: Die beiden Sternbilder Drache und Gehörn stünden zu Ifirns Milde, zur Wintersonnenwende, klar am Himmel. Firuns Sternbild, der Eisbär, steht zu diesem Zeitpunkt noch nicht ganz im Zenit, und der letzte Stern der Schwanzflosse des Wals ist gerade noch am Horizont erkennbar. Alle diese Punkte am Himmel weisen auf einen Ort hin: Nämlich Inirk. Ja, genau, die Insel, die für ihre giftigen Dämpfe bekannt ist. Und im Nebel liegt sie auch noch. Na prächtig, dachte ich mir. Hjaldar, altes Haus, du kommst rum in der Welt.
Nachdem wir das erfahren hatten, führte uns unser nächster Weg zu Askra Lingardsdottir. Die trafen wir auf der Westwindklippe bei einem kleinen Kräutergarten, in einem dieser Grassodenhäuser, wo die Firnelfen der Runajasko wohnen. Bei denen konnten wir ziemlich sicher sein, dass keiner mit Schwarzaxt zusammenarbeitete.
Wie wir in die Akademie gekommen sind? Das erfährst du von mir nicht. Die Gandsmider der Runajasko wären mächtig angefressen, wenn sie erführen, dass ich darüber ein Plauderstündchen abhalte. Und du kannst bestimmt verstehen,

dass ich gut drauf verzichten kann, einen Haufen verärgerter Elementar- und Wetterzauberer an den Hacken zu haben. Sagen wir einfach, die Zauberer haben mehr als einen Weg in die Runajasko.

Ich kann zumindest festhalten, dass einem der Wind an der Steilklippe heftig um die Ohren bläst. Da pfeift dir der Vogel den Helm vom Schädel, das wohl!

In der Hütte war es dann zum Glück ein bisschen gemütlicher. Die firnelfischen Besitzer waren in dieser Nacht ausgeflogen. Vielleicht, weil sie uns Raum zum Reden lassen wollten. Ich tippe allerdings eher drauf, dass sie keine Lust auf einen Haufen Fremder in ihrer Bude hatten.

Die Runenschöpferin war keine Elfe, da war ich fast ein bisschen enttäuscht. Aber ihr rotes Haar, zu langen Zöpfen geflochten, die grünen Augen und die hübschen und selbst um diese Jahreszeit noch zahlreichen Sommersprossen auf Nase und Wangen zogen mich trotzdem in ihren Bann.

Auf ihren Knien ruhte ein in einen Handstickrahmen eingespanntes Tuch, in das sie mit unzähligen kleinen Stichen und verschiedenfarbigem Garn eine komplizierte Rune eingestickt hatte. Die Arbeit schien nur wenige Stiche von der Vollendung entfernt zu sein. An dem Schnitzmesser in ihrem Gürtel, der Lederhose und der robusten Schürze erkannte ich, dass die Stickerei wohl nicht das einzige Handwerk war, das sie beherrschte.

Sie ließ sich von uns allen unsere Hautbilder zeigen. Lange betrachtete sie Norris gesammelte Werke. Bei Maighread und mir fuhr sie die Linien mit dem Finger nach. Unter anderen Umständen hätte ich vielleicht mal meine Muskeln spielen lassen, aber leider war eine Tändelei in unserer Lage nicht angebracht.

»Es ist eine eigentümliche Form«, murmelte sie vor sich hin, »aber ich kann es entziffern.« Immer wieder wanderte ihre Aufmerksamkeit zwischen uns hin und her. Manchmal gab sie einige zustimmende Laute von sich, wie jemand, der eine Vermutung bestätigt sah. Doch dann schürzte sie die Lippen. »Wie ich es auch drehe und wende«, verkündete sie, »etwas fehlt.«

Wir berichteten ihr von dem fünften Hautbild.

Askra nickte. »Dann habe ich einen Sinnspruch für euch.« Sie hob die Schultern. »Aber der letzte Teil fehlt, den müsst ihr selbst ergänzen. Oder denjenigen finden, der das fünfte Hautbild trägt.«

Ja, und jetzt wollt ihr natürlich alle wissen, was die Runenschöpferin uns für einen Hinweis gab. Das dachte ich mir. Aber meine Kehle ist ganz trocken vom vielen Reden. Was muss ein Mann tun, um in dieser Schenke hier ein Horn voll Met zu bekommen?

Na bitte, geht doch.

Also, der Satz war folgender: »Vier und Einer trotzen Hranngars Brut, Einer und Vier finden Jurgas kostbares Gut. Doch nur einer …« Tja! Und genau da hörte es auf. Der Rest des Satzes segelt auf der Vig durch das Nordmeer.

Aber eins wussten wir nun. Wir steckten mitten in einer Schatzsuche! Du, wahrscheinlich war dieser Schatz der

Grund, warum Schwarzaxt mir so gern die Haut abziehen wollte. Der suchte ebenfalls nach diesem vielversprechenden Gut. Klar, die Zeile mit Hranngars Brut war schon ein bisschen beunruhigend, aber erstmal überwog bei uns allen die Freude darüber, dass wir vor einer großen Entdeckung standen. Jurgas Gut. Wenn *die* Jurga gemeint ist – und, glaubt mir, Freunde, sie ist gemeint – dann ist das natürlich eine ganz große Sache.

Askra, die eine gute Freundin von Swanhild ist, bat uns, noch ein wenig zu bleiben und ihr Gesellschaft zu leisten, während sie ihre Stickerei vollendete. Sie sang beim Arbeiten, doch es war kein einfaches Lied zum Zeitvertreib, sondern eine alte, mir gänzlich unbekannte Weise, die eigentümlich rituell anmutete. Als der letzte Stich gesetzt und der letzte Ton verklungen war, saß sie für einen Augenblick wie erstarrt, die Stickerei in den Händen, während ihr Blick durch die Wände der Hütte hindurch zu gleiten schien.

Erst nach einer kleinen Ewigkeit kehrte wieder Leben in sie zurück. Aber das Feuer im Kamin schien etwas schwächer zu flackern als zuvor, obwohl Swanhild gerade erst noch einen Scheit nachgelegt hatte.

Askra wandte sich zu uns. Sie musterte jeden von uns mit durchdringendem Blick. »Wer bedarf meiner Unterstützung am meisten?« Ihr Tonfall machte klar, dass es eine von diesen Fragen war, die Leute sich eigentlich selbst stellen. »Unterschiedlicher könntet ihr kaum sein«, sinnierte sie.

Ihr Blick blieb an Amud hängen. »Du bist der Beobachter, der Chronist, dem nichts entgeht. Und du«, sie wandte sich zu mir, »der Glückliche.« Zu Maighread sagte sie: »Du bist stark und zäh«, wohingegen Swanhild die Eigenschaften »gewitzt und voller Ideen« zugesprochen bekam.

Mich machte die Einschätzung allerdings eher unglücklich. Ja, unglücklich. Könnt ihr euch eigentlich vorstellen, wie das ist, wenn man nur für eine einzige Sache bekannt ist? Aber ihr glotzt mich gerade an wie eine Herde Schafe und versteht nicht, wovon ich spreche. Na, dann sei's drum.

Aber wisst ihr was, ich habe gerade keine Lust mehr, zu erzählen. Ich will jetzt mal in Ruhe dieses Trinkhorn leeren, ist ja schon ganz abgestanden. Vielleicht habe ich morgen mehr Lust, nochmal aus dem Reisebeutel zu plaudern. Oder nächste Woche. Irgendwo, irgendwann sieht man sich schon.«

—Hjaldar Thorwulfsson im Glücklichen Zechpreller zu Thorwal

Maighread brai Criosaidh zu Askra Lingardsdottir

Habe Dank für diese Gabe, auch wenn ich ihre Bedeutung nicht verstehe. Was bedeutet Verndunruna? Ach! Das heißt, wenn ich das auf meinen Eudach nähe, wird mich dieses Bild vor Calyach'an Mochûlas Dienern beschützen? Solche Kraft hat dein Zauber? Dann kann ich dich nur einladen, zu uns ins Hochland zu kommen. Unsere Brenchi-Dûn wären für solch ein Wissen dankbar. Ich kenne eine Brancha-Dûn, Ygrain, sie ist sehr aufgeschlossen für Neues, und sie würde sich sicher gut mit dir unterhalten. Warum sollte das nicht gehen? Wie schade. Nun gut. Du magst keine Brancha-Dûn sein, aber das, was du tust, ähnelt den Aufgaben unserer Wissenden. So nehme ich denn deine Gabe an und bitte die Ahnen und mein Odûn, mich zu leiten. Aber wenn du es dir je einmal anders überlegst, dann wisse: Wir Kinder des Hochlands, aber auch die Odûn, kämpfen seit Anbeginn der Zeit gegen den Nebel und die Widersacherin, die sich in ihm verbirgt. Und wenn du wahrlich einen Weg kennst, diesen Kampf zu unterstützen, so wirst du uns immer willkommen sein und dir wird gleicher Respekt zuteilwerden wie unseren Brenchi-Dûn.

—belauscht an einem Herdfeuer in der Runajasko zu Olport

Wie ich mit Frenjadur Maradasdottir Piraten jagte
Ein Bericht von Swanhild Norrisdottir anlässlich eines Vortrags an der Runajasko zu Olport

In den letzten Tagen habt ihr großartige Fortschritte gemacht. Daher ist es nun an der Zeit für eure Belohnung. Hört nun also eine weitere Geschichte von meinen Reisen.
Ich habe euch ja schon einiges von meiner gemeinsamen Zeit mit Hjaldar Thorwulfsson erzählt. Dies alles hier auszubreiten, würde den Rahmen sprengen. Aber der Teil der Geschichte, den ich euch heute erzählen will, beginnt genau hier, in Olport, in der Runajasko.
Wir hatten zu diesem Zeitpunkt bereits weitere Freunde getroffen, die ebensolche Hautbilder trugen wie wir. Ein Tulamide namens Amud al'Alam ibn Faramud, der aus dem fernen Aranien stammt, und eine Gjalskerin namens Maighread brai Criosaidh, die über die geheimnisvolle Fähigkeit verfügt, sich in ein Wildschwein zu verwandeln. Dies ist eine der vielen Formen der Magie, die neben der unseren existiert. Einen solchen Zauber sah ich zwar weder bei Hexen noch bei Druiden, doch beweist es, dass die Magie vielgestaltig ist und wir niemals glauben sollten, dass wir alles wissen, nur weil wir unser Leben ihrem Studium widmen.
Gemeinsam stellten wir vier fest, dass uns unsere Hautbilder den Hinweis auf einen Schatz gaben, der von der großen Jurga selbst stammen sollte. Wir hatten aber auch herausgefunden, dass der friedlose Pirat Schwarzaxt es ebenfalls auf

diese Kostbarkeit, aber auch auf uns abgesehen hatte. Zu allem Übel sollte der Schatz auf einer Insel der nördlichen Olportsteine liegen. Auf dem unwirtlichen Eiland Inirk.
Nun brauchten wir ein Schiff, das uns dorthin bringen würde. Und es kam noch schlimmer. Wir brauchten auch den Friedlosen Schwarzaxt. Denn auch er besaß ein Puzzlestück zur Lösung unseres Rätsels. Ich befürchtete, dass wir ohne ihn den Schatz nicht würden heben können. »Vier und einer« hieß es im Rätselspruch, der uns dorthin führen sollte. Wir waren Vier und der Mann, der uns Konkurrenz machte, war höchstwahrscheinlich der Eine.
Zu allem Übel hatte er einen Helfer, hier in der Stadt. Wie wir vermuteten, vielleicht sogar hier in der Runajasko. Damals fehlten uns jedoch Zeit und Möglichkeiten, den Verräter ausfindig zu machen. Außerdem ahnte ich bereits, dass wir aus dem Zuträger der Friedlosen sogar noch einen Nutzen schlagen konnten.
Wie wir ihn später dingfest machten, ist eine andere Geschichte, die ich ein anderes Mal erzählen werde. Zu diesem Zeitpunkt jedenfalls mussten wir im Verborgenen agieren, wenn wir nicht wollten, dass der Friedlose von unseren Plänen erführe.
Außerdem besaßen wir kein Schiff. Welcher Schiffsführer wäre schon so verrückt, mit uns auf die Jagd nach einem der berüchtigtsten Friedlosen von ganz Thorwal zu gehen und dann eine Insel anzufahren, die im verfluchten Nebel verborgen und gleichzeitig in nächster Nähe zum Heimathafen der Friedlosen liegt!

In solch auswegloser Lage empfiehlt sich vor allem eins: Swafnirs Segen zu erbitten.
Deswegen suchten wir auch diskret den Swafnirtempel auf, die Hvalur-Halla unten in der Stadt. Ich nehme an, bis auf einige wenige unter jenen von euch, die gerade im ersten Jahr hier sind, dürften alle von euch schon einmal dort gewesen sein.
Für meine Begleiter war es jedenfalls eine neue Erfahrung, und ohne einen gewissen Stolz auf unser schönes Olport zu verhehlen kann ich sagen, dass sie alle beindruckt waren von Swafnirs weißer Felsenhalle. Selbst Hjaldar hatte der steinerne Bau auch nach seinem ersten Besuch immer wieder in Staunen versetzt. Kein Wunder, könnte man beim Anblick des Tempels doch meinen, einem steinernen, zehn Schritt hohen Wal gegenüberzustehen. Wusstet ihr, dass der Kopf des Wals angeblich gen Swafnirland weisen soll? Ein schöner Gedanke, nicht wahr?
Allerdings stellte sich vor den Toren des Tempels heraus, dass die Gjalskerin keinen Fuß hineinsetzen würde. Aus einem nicht nachvollziehbaren Aberglauben heraus hielt sie es für ein schlechtes Omen, durch die Tempeltür zu treten, weil sie wie das Maul eines Wals gestaltet ist. Angeblich sei der Gottwal, den sie Zwanfir nannte, ein Seelenfresser. Welch' absurde Vorstellung! Gegen jede Vernunft weigerte sich Maighread mit der Sturheit eines Kindes. Da öffentliche Aufmerksamkeit das Letzte war, was wir in jenen Tagen brauchten, ließen wir der trotzigen Barbarin ihren Willen, und sie wartete draußen.

Auch im Inneren konnten sich meine Begleiter kaum sattsehen. Vor allem der Aranier war kaum noch von den Wandbildern von Jurgas Landung fortzubekommen. Doch als uns eine der Geweihten empfing, schloss sich auch Amud wieder an.

Wir erzählten unsere Geschichte. Warum mein Vater jedoch auch jenem Friedlosen ein Hautbild gestochen hatte, das dessen Schicksal mit dem unseren verknüpfte, stellte auch die Dienerin Swafnirs vor ein Rätsel. Immerhin hatte sie eine glaubwürdige Vermutung. Was, wenn Vater nicht nur Swafnirs Willen erfüllt, sondern vielleicht auch eine andere Gottheit ihre Finger im Spiel hat? Der Name Ögnir hallte in Hjaldars und meinen Gedanken, auch wenn keiner von uns ihn laut aussprach. Solches gefiel mir nicht, aber vielgestaltig und verschlungen ist der Pfad des Schicksals und der Wille der Götter und so manches Mal hinter Wolken verborgen. Es bleibt uns nur, anzuerkennen, dass wir sterblich sind und nicht alles wissen, was den Göttern bekannt ist.

Wir erbrachten Opfer an Swafnir, jeder nach seiner Art. Ich spendete einen guten Teil Hacksilber für den Tempel, Hjaldar übergab einem Tempeldiener ein hübsch gestaltetes Schnitzmesser. Amud zögerte und erklärte mir, dass er die Zwölfe verehrte und man in seiner Heimat Swafnir kaum kannte. Doch gestand er auch zu, dass der Segen des Gottwals nicht schaden würde, und übergab den Geweihten eine edel gestaltete Schreibfeder aus dunklem, mir unbekanntem Holz.

Vielleicht war es das Wohlwollen Swafnirs, womöglich aber auch Hjaldars schicksalhaftes Glück: Noch am selben Tag trug ein Freund mir zu, dass eine alte Bekannte gerade im Hafen eingelaufen war: Frenjadur Maradasdottir. Sie hatte den Ärger mit Schwarzaxt einmal am eigenen Leibe zu spüren bekommen, als wir mit ihr durch den Hjaldinggolf gefahren waren. Seit diesem Zeitpunkt hatte Frenjadur also eine Rechnung mit ihm offen. Daher hoffte ich, dass sie vielleicht bereit wäre, uns dabei zu helfen, dieser gerissenen Brackwasserratte ein Schnippchen zu schlagen.

Ich sollte recht behalten. Dass Schwarzaxt uns damals durch den Golf gejagt hatte, wurmte sie noch immer, daher stimmte sie lachend zu, als ich ihr einen tollkühnen Plan vorschlug.

So schnell und so heimlich es uns möglich war, packten wir unsere sieben Sachen und schlichen zum Hafen.

Dort mussten wir zu unserer Überraschung noch eine letzte Hürde nehmen, nämlich die strikte Weigerung der Gjalskerin, ein Schiff zu betreten, das über das Reich einer Gottheit namens Zwanfir fahren würde. Da war sie stur wie ein Zwerg. Kein noch so gut gemeintes Wort, keine Bitte, konnte sie umstimmen, bis Hjaldar ihr noch einmal erklärte, welche Bedeutung unsere Ahnin Jurga für uns hatte. Sie, die immer wieder betonte, wie wichtig die Ahnen waren, müsse doch verstehen, warum wir diese Reise unbedingt antreten wollten, ja mussten! Der Name Jurgas konnte sie endlich überzeugen. Offenbar verehren die Gjalsker eine Göttin namens Yurrga, die Heilkunde lehrt und die Reisenden beschützt. Mit Yurrgas Gunst fasste unsere Freundin Maighread endlich den Mut, sich den Wellen anzuvertrauen und mit uns zu den Olportsteinen zu ziehen.

Einigen Freunden an der Runajasko hinterließ ich klare Anweisungen, unsere Abreise eine Zeit lang geheim zu halten, dann aber das Geheimnis, wohin wir unterwegs waren, zu lüften. Ihr wisst ja, es gab wahrscheinlich einen Zuträger der Friedlosen in unseren eigenen Reihen an der Runajasko. Ich zählte darauf, dass er mit Schwarzaxt Kontakt aufnehmen würde, sobald er etwas über unseren Verbleib erfuhr. Denn diesmal wollten wir gefunden werden. Aber erst zu einem Zeitpunkt, den wir selbst bestimmten. Nämlich dann, wenn wir den Olportsteinen bereits nahe waren und Schwarzaxt wenig Zeit zur Vorbereitung blieb. Wir dagegen hatten uns für die nächste unvermeidliche Begegnung einen Plan zurechtgelegt. Dieser beinhaltete ein Ruderboot, das an Deck von Frenjadurs Otta darauf wartete, um uns das letzte Stück durch den Nebel nach Inirk zu bringen.

Die Schiffsführerin weigerte sich nämlich, zu tief in den Nebel hineinzufahren. Ein Fund, der mit der legendären Jurga zu tun hatte, mochte zwar verlockend sein, aber direkt in der Nachbarschaft der Pirateninseln anzulanden, kam in der Tat einem Geschenk an die Friedlosen gleich.

Einen anderen Teil des Plans hatte ich mir von jenem Verräter abgeschaut, der mich bereits einmal angegriffen hatte, und das äußerst effektiv, das muss ich ihm zugestehen. Dabei hatte er einen Dschinn der Luft eingesetzt, der mich einfach in den entscheidenden Momenten davon abgehalten hatte, Magie zu wirken. Eine vergleichbare Attacke plante ich auch

für den Zauberwirker des Piraten, falls er diesmal wieder einen an Bord hatte, wovon auszugehen war.
Auch wenn euch das wie ein närrisches Unterfangen erscheinen muss, so segelten wir doch auf direktem Wege gen Narken. Bereits nach einem halben Tag tauchten wir in den Nebel ein, der stets vor der Küste liegt.
Ab diesem Zeitpunkt lief Maighread, die Gjalskerin, wie ein nervöser Dachs an Bord auf und ab. Sie konnte keine Minute stillsitzen, sondern spähte beständig in den Nebel, als erwartete sie das Schlimmste. Da jedem an Bord bewusst war, dass der Nebel tatsächlich so manchen Schrecken verbarg, verbesserte ihr Verhalten die Laune an Bord nicht gerade. Instinktiv lauschten wir alle beständig in den Nebel hinein, aber alles, was wir hörten, waren die gleichmäßigen Ruderschläge, die uns durch die Flaute brachten, Stunde um Stunde. Es zerrte an den Nerven.
Ich konzentrierte mich auf den Elementargeist, den ich in den frühen Morgenstunden bei besserem Wetter herbeigerufen hatte. Auf eine Navigationsscheibe und einen Sonnenstein konnten wir uns bei diesen hranngarverfluchten Wetterverhältnissen nicht mehr verlassen. Hier kam es nun allein auf Frenjadurs Gespür für die See und Entfernungen an. Ich bewunderte, wie sie am Achtersteven ihrer Otta selbst am Ruder stand. Je näher wir den Olportsteinen kamen, desto wichtiger wurde es, so lautlos und heimlich wie möglich durch den Nebel zu gleiten. Frenjadurs Kriegerinnen mit den schärfsten Augen hatten sich am Bug positioniert und gaben durch leise Rufe Rich-

tungsangaben an ihre Schiffsführerin weiter, sobald sie in der Entfernung den Schemen einer Insel ausmachen konnten.
Mit unseren in Olport gestreuten Informationen hatten wir dafür gesorgt, dass uns Schwarzaxt bei Narken bereits erwartete. Immerhin hatte er nur wenige Stunden zur Vorbereitung gehabt, wenn überhaupt. Dennoch begrüßten uns vier bemannte Ottas. Als wir uns der Insel auf fünf Meilen näherten, schälte sich die Vig mit ihrem schwarzen Segel aus dem Nebel und ein Stück hinter ihr drei weitere Ottas.
Was als nächstes geschah, hat sich für immer in mein Gedächtnis eingeprägt.
»Heyja, Schwarzaxt, du stinkende Seepocke am hässlichen Arsch eines horasischen Handelskapitäns!«, brüllte Frenjadur dem ankommenden Schiff entgegen. »Ich bin offen hierhergekommen, also bilde dir nicht ein, es läge an deiner großartigen Taktik, dass du uns mit einer Übermacht gegenüberstehst.«
»Kleines Mädchen in deinem Ruderboot!«, grollte Schwarzaxt zurück. »Wenn du auf dem Grund des Meeres liegst, fragt niemand, wie ich gewonnen habe! Hast du etwa geglaubt, du bist hier willkommen, so wie deine Mutter damals? Suchst du etwa auch ein paar Dumme, um Swafnirland zu finden?«
»Du warst meiner Mutter nicht gewachsen, und mir erst recht nicht!«, donnerte Frenjadur ihm entgegen. »Wenn du den Runjas zeigen willst, wie viel Mumm du hast, dann pfeif dein Piratenpack zurück und lass uns wie echte Thorwaler kämpfen! Dein Schiff gegen meins, bei Swafnir!«
»Warum sollte ich meinen Vorteil aufgeben?«

»Ich bin nicht irgendein kleiner horasischer Krämer, den du einfach überfallen kannst!« Ihre Stimme durchrang den Nebel wie der Ruf eines Signalhorns. »Ich bin hergekommen, um dich zum Kampf zu fordern. Wenn du tatsächlich so etwas wie Ehre besitzt, dann lass uns kämpfen, meine Fiskdrakkar gegen deine Vig!«

Ein schallendes Lachen drang zu uns herüber! »Sei's drum!«, rief Schwarzaxt gut gelaunt. »Um der guten alten Zeiten mit der Wölfin willen! Bringen wir es hinter uns, Wolfsbalg!«

Die Vig löste sich von ihrer Verstärkung, kräftige Ruderschläge trieben sie voran. Frenjadur gab ebenso das Signal, Fahrt aufzunehmen. Beide Schiffe hielten aufeinander zu, als wollten sie einander rammen.

Die Drachenköpfe waren nur noch wenige Schritt voneinander entfernt, da änderten beide Kapitäne den Kurs, sodass die Ottas aneinander vorbeiglitten. Beinahe hätten sich die Ruder berühren können. Die Geschwindigkeiten waren eigentlich zu hoch, um sicher aufs andere Deck zu springen, aber es musste auch nur einer schaffen.

Und das war die Gjalskerin. In dem Augenblick, als sie sich verwandelte und zum Sprung duckte, forderte ich den ersten Dienst meines Elementargeists ein. Er beschleunigte die Tierkriegerin und verlieh ihr einen hilfreichen Rückenwind, sodass ihr ein Sprung gelang, den ich noch nie zuvor gesehen hatte. Sie landete mitten unter den Piraten und pflügte los. Ich hatte sie einmal kämpfen sehen und keinen Zweifel daran, dass sie ihr Ziel erreichen würde.

Inzwischen hatte Frenjadurs Schiffsmagier den Zauberwirker der Vig ausfindig gemacht und hielt diesen durch einen Elementar des Wassers beschäftigt, wie ich es geplant hatte.
Damit war er zumindest lange genug abgelenkt, damit Maighread ihre Aufgabe erfüllen konnte. Wie eine unaufhaltsam rollende Lawine stürmte sie durch die Reihen der überraschten Piraten direkt auf deren Anführer zu.
Schwarzaxt hatte offenbar nicht damit gerechnet, dass wir so schnell zum Angriff übergehen würden. Wahrscheinlich war er es nicht gewohnt, selbst geentert zu werden. Wenn überhaupt hatte er wahrscheinlich erwartet, Frenjadur im Zweikampf gegenüberzustehen.
So schlug die Gjalskerin, halb Mensch, halb Wildschwein, wie eine Rotzenkugel ein. Sie rammte Schwarzaxt mit der Wucht ihres ungebremsten Schwungs und riss ihn mit sich über Bord.
Inzwischen hatten die Schiffe einander passiert. Die Vig wendete.
Aber wir änderten nur leicht unseren Kurs, um das Fahrwasser des gegnerischen Drachenboots zu kreuzen. Maighread strampelte im Wasser. Sie klammerte sich an Schwarzaxt fest wie die Graue Gilde an bürokratischen Regularien, um ihn daran zu hindern, unterzutauchen und sich schwimmend in Sicherheit zu bringen. Wobei er bei den Temperaturen – inzwischen war der Frostmond gekommen – selbst mit der Abhärtung eines erfahrenen Seebären wahrscheinlich nicht weit gekommen wäre.

Hjaldar stand schon mit einem Bootshaken bereit. Mit viel Geschick und einer Prise Glück, das ihm wie keinem anderen zuverlässig zur Seite stand, fischte er die Tierkriegerin im Vorbeifahren an ihrem breiten Ledergürtel wie einen Aal aus dem Wasser. Mit vereinten Kräften zogen Frenjadurs kräftigste Seeleute Maighread und Schwarzaxt an Bord wie einen kapitalen Fang.

»Planänderung«, brüllte Frenjadur zur Vig hinüber. »Wenn ihr euren Anführer unversehrt wiederhaben wollt, dann dreht ihr schön brav ab.«

Schwarzaxt sah sich inzwischen zwei Schwertern und drei Äxten gegenüber. »Tut, was sie sagt!«, bekräftigte er die Anweisung lautstark. »Ich finde schon wieder zu euch. Wie damals vor Neetha!«

Dann sah er Frenjadur an und spuckte ihr ein Schimpfwort entgegen, das ich vor euren Ohren nicht wiederholen werde.

So hatten wir uns die Geißel der nördlichen Olportsteine geangelt.

Jetzt, da ihr wisst, wie nützlich ein Elementargeist sein kann, zeigt ihr mir morgen mal, wie viel ihr über das Ritual zur Herbeirufung von Elementaren wisst.

VIII

Ausflug im Nebel

Maighread brai Criosaidh berichtet im Haerad Mortakh von ihren Reisen mit dem Tulamiden Amud

Stundenlang waren wir auf dem Drachenboot schon durch den Nebel gefahren, dennoch wollte das Wetter sich einfach nicht bessern. Nach meinem Sprung ins Wasser hatte ich mich mit trockenen Tüchern abgerieben und meine Glieder mit ein paar Kräftigungsübungen und einem Horn voll Met wieder aufgewärmt, das mir die Zauberkundige Swanhild mit einer Bewegung ihres Fingers erhitzte.

Der Stammesführer der Piraten war ein finsterer Mann. Offenbar verstand er sich nicht darauf, seine Haare zu flechten, wie es ja sogar die Thorwaler schaffen. Oder aber er wollte es nicht. Wie er so gefesselt auf dem Schiff hockte, warf er uns in der ersten Stunde so manche Beleidigung zu, aber nach einer Weile wurde ihm das zu langweilig, und er verlegte sich darauf, uns anzustarren.

Im Blick der Thorwaler jedoch las ich Verachtung, gepaart mit widerwilliger Anerkennung. So, als könnten sie sich nicht entscheiden, ob sie ihn verabscheuen oder bewundern sollten. Ich habe es nicht so recht verstanden. Am wenigsten verstand es jedoch Amud.

Er beobachtete den Piratenanführer freimütig und war der Einzige, der ihm Trockenfleisch und etwas Wasser anbot. Aber Schwarzaxt war zu stolz, um die Gabe anzunehmen.

Wir hingegen fuhren weiter nordwärts in den Nebel. Das merkte natürlich auch der Pirat. Er fragte uns, ob wir den

Verstand verloren hätten, da oben gäbe es nichts zu holen außer der Brut Hranngars. Wenn ich die Thorwaler richtig verstehe, ist Hranngar für sie so etwas wie Calyach'an Mochûla für uns. Vielleicht meinen sie sogar die Mutter der Dämonen, aber weil es Thorwaler sind, haben sie auch für die nachtschwarze Spinne einen anderen Namen. Und sie glauben, dass sie eine Schlange ist.

Wie auch immer, uns alle machte der Nebel nervös, aber trotzdem fuhren wir unbeirrt weiter.

Hjaldar erklärte Schwarzaxt in knappen Worten – etwa die Hälfte davon waren Beleidigungen –, dass wir ihn mitgenommen hatten, weil wir ihn brauchten. Und dass er froh sein konnte, dass wir keine swafnirverfluchten Friedlosen waren, weswegen er seinen Kopf behalten durfte.

Swanhild beschäftigte sich mit dem Hautbild auf dem Unterarm des Piraten. Schwarzaxt hatte zu all dem nichts zu sagen. Er spuckte Hjaldar zur Antwort lediglich auf die Stiefel.

Ja, ich weiß, es ist immer wieder beunruhigend, wie leicht die Thorwaler den Namen Zwanfirs in den Mund nehmen. Vielleicht stellt es für sie kein schlechtes Omen dar, weil sie es ohnehin falsch aussprechen?

Swanhild grübelte über dem letzten Teil der Prophezeiung, den Norri Karvensson auf dem Unterarm des Friedlosen verewigt hatte. Sie war nicht so gut darin, die altertümliche Runenschrift zu lesen wie die Runenschöpferin auf dem Zaubererfelsen. Aber ihr Wissen reichte dann doch aus. Die Prophezeiung handelte davon, dass nur einer den wahren Schatz finden könne. So sah das wohl auch der Pirat. Er sagte uns voraus, dass wir alle enttäuscht werden würden und dass er allein Jurgas Schatz erringen würde. Ich fand das bemerkenswert zuversichtlich für einen Mann, der in Fesseln an den Mastbaum gebunden vor uns hockte.

Ich jedenfalls hielt mit einigen anderen Kriegerinnen Nebelwache am Bug.

Ich dachte schon, wir würden demnächst ans Ende der Welt stoßen. Aber das Ende der Welt entpuppte sich schließlich als eine kleine, stinkende Insel.

Überall roch es nach faulen Eiern. Das lag an den Dämpfen, die aus Spalten im Boden drangen. Wachsen wollte dort nichts. Das Eiland war felsig und kahl. Der Stein war bisweilen dunkel und glänzend wie die erstarrte Lava eines Vulkans.

Frenjadur fragte uns, ob wir wirklich sicher waren, diese Insel anlaufen zu wollen. Da wir von unserem Entschluss jedoch nicht abrückten, wies sie ihre Krieger an, das kleine Boot zu Wasser zu lassen. Dahin verfrachteten wir Schwarzaxt, dann kletterten wir selbst an Bord.

Die Thorwaler wollten unbedingt diesen Schatz heben. Jurga ist eine ihrer verehrtesten Ahnen.

Daher war es für sie eine Ehrensache, diese Gegenstände, welcher Natur sie auch immer sein mochten, für ihr Volk zurückzugewinnen. Ich glaube, dass es kein Zufall ist, dass ihre Ahnin den gleichen Namen wie unsere Göttin Yurrga

trägt. Wenn dies alles mit Yurrgas Wirken zu tun hatte, dann wollte ich mein Bestes geben, um diesen Schatz in Sicherheit zu bringen.
Schwarzaxt hingegen wollte den Schatz nur für sich.
Ich wollte mein Schicksal erfüllen, schließlich hatte mich die weise Ygrain nach Olport geschickt. Und ich war mit meinen neuen Freunden tief in Calyach'an Mochûlas Nebelreich gezogen, hatte eine seltsame Rune erhalten, die mir Schutz gewährte, und nun musste ich eben meine Freunde beschützen. Sogar Amud schien endlich an unser gemeinsames Schicksal zu glauben. Sicher trieb ihn aber auch die Neugier voran. Er liebt Geschichten, und daher wollte er unbedingt wissen, wie unsere ausgehen würde.
Von uns allen war Schwarzaxt der Missmutigste. Nicht nur, weil ich, da ich ihn besiegt hatte, seine Waffen bei mir trug, sondern auch, weil er die Gefahren des Nebels fürchtete. In dieser Hinsicht schien er der Einzige zu sein, den der Nebel genauso beunruhigte wie mich.
Er warnte uns auch davor, dass wir uns an diesem Ort nicht zu lange aufhalten sollten, da die Dämpfe aus der Tiefe giftig seien.
Frenjadur wünschte uns Glück. Sie selbst wollte keinesfalls anlanden und zog es vor, an Bord ihres Schiffes zu bleiben, denn auf der Fahrt zu diesem Ort hatten einige ihrer Leute einen Rabenvogel erspäht. Das sahen die Thorwaler als böses Omen, und so versicherte sie uns, dass wir sie etwa zwei Mei-

len von der Insel entfernt wiedertreffen könnten, dort werde sie kreuzen. Aber auch sie beschwor uns, nicht zu lange zu bleiben, denn ewig würde sie den Piraten kein Schnippchen schlagen können. Und sobald sich Schwarzaxt nicht mehr an Bord ihres Schiffs befand, hatte sie auch kein Druckmittel mehr.

Die Insel war nicht sehr groß. Es gab keine Bäume, die uns die Sicht verdeckten, daher waren Hjaldar, Amud und Swanhild guter Dinge, dass wir den Schatz bald finden würden.
Aber so leicht war das gar nicht. Die Insel war übersäht mit Spalten und schroffen Felsen und übersprüht von Gischt. Wir waren etwa bis zur Mitte des Eilands vorgestoßen, da kam uns jemand entgegen. Hjaldar hob ein gut gearbeitetes, mit Runen verziertes Wurfbeil.
Doch er wartete erst einmal ab. Die fremde Person hob die rechte Hand und rief etwas, das der Nebel jedoch verschluckte. Langsam schleppte sie sich auf uns zu.
Ich sagte den anderen, dass, wer immer da kam, keine guten Absichten haben konnte, schließlich kam er ja aus dem Nebel, in dem die Seelen der Verdammten umgehen, die ihren Weg in Zwanfirs Reich nicht gefunden haben. Aber sie hörten nicht auf mich. Swanhild vermutete einen Schiffbrüchigen, der um Hilfe schrie.
Schwarzaxt hingegen wurde nervös und forderte uns auf, denjenigen, der sich da näherte, sofort zu töten.

Hjaldar fuhr ihm über den Mund und nannte ihn einen grausamen Menschenschlächter, der der Welt einen Gefallen täte, wenn er selbst endlich verreckte.
Tatsächlich war es eine Frau. Sie wankte auf uns zu, als sei sie verletzt, und rief uns um Hilfe an. Die anderen wollten zu ihr laufen. Nur ich blieb stehen. Und Schwarzaxt. Mit gepresster Stimme sagte er nur: »Mach sie kalt.«
Bruder Wildschwein hingegen zögerte, denn ich konnte sie nicht riechen. Sonst weiß ich immer, ob mein Gegenüber von Furcht erfüllt ist, von Zorn oder Freude. Aber die schwefeligen Dämpfe verwirrten meine Nase.
Daher trat ich vorsichtig näher. Den anderen bedeutete ich, dass sie hinter mir bleiben sollten. Schließlich hatten sie keine Rune bekommen. Trotz des zusätzlichen Schutzes ließ ich die Fremde nicht aus den Augen. Sie wirkte jämmerlich, ausgehungert und verloren. Sie war nur noch wenige Schritt entfernt, da stolperte sie über eine Unebenheit im Fels und stürzte mir direkt in die Arme.
Noch im selben Moment, als ich sie auffing, begriff ich die Täuschung. Das Stolpern war nur ein Vorwand, um in meine Nähe zu kommen.
Ihre dürren Finger krallten sich mit unerwarteter Kraft in meine Schultern. Ich stieß einen Kampfschrei aus, da öffnete sie den Mund und spuckte mir einen sich windenden Tentakel direkt ins Gesicht. Blitzschnell versuchte das Ding, in meine Nase zu kriechen.

Aber ich spürte, dass ein Teil von mir gegen diese widerwärtige Berührung Widerstand leistete. Da war eine unbekannte Kraft, die meinen Geist und meinen Körper umhüllte und stärkte. So blieb ich bei Sinnen und konnte sowohl die Angreiferin von mir fortstoßen als auch den glitschigen Tentakel rechtzeitig packen und zerquetschen, bevor er in meinen Kopf kriechen konnte. Das musste der Wirkung der Schutzrune zu verdanken gewesen sein.

Ich schlug in schneller Folge mit meiner Bakka auf das Monstrum ein, während es ein weiteres Mal versuchte, mich zu packen. Zwar wich ich der Fremden mühelos aus, doch konnten meine Angriffe ihr keinen erkennbaren Schaden zufügen. Ich verwundete sie durchaus, doch die Verletzungen kümmerten sie nicht.

Als ich wieder einmal aus ihrer Reichweite sprang, nutzte Hjaldar die Gelegenheit und schleuderte sein Beil. Es spaltete ihre Stirn.

Endlich sank sie zu Boden. Doch aus der Kopfwunde drang kaum Blut, dafür eine andere, gallertartige Masse, die mit nichts vergleichbar war, was ein menschlicher Schädel enthalten sollte.

»Vexlinger!«, brüllte Schwarzaxt. »Nun bringt sie endlich zur Strecke«.

Tatsächlich zuckte sie noch. Ich nahm meine große Axt und trennte ihr den Schädel ab. Dann endlich war Ruhe.

Ich trichterte den anderen noch einmal ein, in sehr einfachen Worten, damit sie es endlich verstanden, dass Dinge, die aus dem Nebel kommen, nicht gut sind. Diesmal widersprach mir niemand mehr.

Schwarzaxt erklärte mir und Amud, dass die Vexlinger heimtückische Kreaturen sind, die von Menschen Besitz ergreifen können und sich in ihnen einnisten, dass jedoch von den Menschen fast immer nur eine Hülle übrig bleibt. Das Wesen, das nun in Wahrheit darin steckt, dient Hranngar.

Als der Pirat sich die Leiche besah, murmelte er, dass ihm das Gesicht vage bekannt vorkomme. Es schien sich wohl um eine Friedlose zu handeln. Eine Bewohnerin von Narken, die vor gut einem Jahr verschwunden war. Wie und warum sie an diesen Ort gekommen war, wüssten wohl nur die Vexlinger.

Wir hatten keine Zeit, allzu lange darüber nachzugrübeln. Eingedenk Frenjadurs Warnung, dass wir bald zurückkehren sollten, und angesichts der Tatsache, dass Amud bereits ob der Dämpfe Kopfschmerzen verspürte, beeilten wir uns umso mehr.

Auf einmal lachte Schwarzaxt auf. Er deutete auf einen Felsen, auf dem eine einzelne Möwe mit einem zappelnden Fisch im Schnabel saß.

Wortlos deutete der Friedlose als nächstes auf sein Hautbild, das eine Möwe zeigte. Er sagte, dass er seinen Arsch verwettete, dass dort der Schatz zu finden wäre.

Kaum hatte er das bekundet, flog die Möwe mit ihrer Beute fort. Wahrscheinlich schätzte sie die zweibeinigen Fremden auf ihrer Insel nicht.

Wir aber näherten uns dem Platz vorsichtig. Diesmal war es Amud, der uns unvermittelt eine Warnung zurief. Er deutete auf eine große Pfütze direkt um den Felsen herum. »Der Stein ist zu ausgewaschen für Gischt«, erklärte er uns, da sprühte plötzlich eine Fontäne aus dem Stein, deren Hitze wir sogar aus einigen Schritt Entfernung spürten.

Das Schauspiel hielt zehn Atemzüge lang an, dann verschwand die Fontäne wieder im Stein und ließ lediglich große Pfützen dampfenden Wassers zurück. Dort, wo eben das Wasser emporgebrodelt war, gab es eine Öffnung im Fels, die wir auf den ersten Blick für eine Mulde gehalten hatten. Ohne die Möwe und die Fontäne wäre sie uns kaum aufgefallen. Wir beobachteten den Geysir sehr genau, aber wir konnten keine Regelmäßigkeit feststellen. Manchmal brodelte das kochend heiße Nass zweimal innerhalb weniger Augenblicke aus dem Stein, ein anderes Mal verging so viel Zeit, wie man brauchte, um einen Streifen Trockenfleisch zu kauen.

Inzwischen teilten wir alle Amuds Kopfschmerzen.

Swanhild verschaffte uns ein wenig Zeit und Erleichterung, indem sie uns mithilfe ihrer Zauberei mit frischer Luft umgab. Sie erklärte mir, dass sie dafür einen Luftgeist gerufen hatte, der uns half. Ich fragte mich, ob es gut war, einen Geist einzuatmen, aber da sich niemand sonst Sorgen machte und ich ansonsten wohl irgendwann an den Dämpfen erstickt wäre, tat ich es dennoch. Swanhild ist eine freundliche Seele, darum schloss sie sogar Schwarzaxt in ihren Zauber ein.

Wie lange wir den Geysir auch beobachteten, es war nicht vorherzusagen, wann er ausbrechen würde. Wer immer die Höhle erkundete, musste sich wohl oder übel auf sein Glück verlassen. Mit einem schweren Seufzer meldete sich Hjaldar freiwillig. Wir warteten, bis der Geysir einmal mehr seinen Zorn in die Welt gespuckt hatte, dann hastete Hjaldar los. Wenig später kehrte er mit einem Grinsen so breit wie der Busen einer wohlgenährten Frau und drei großen Tonkrügen zurück, die mit Wachs versiegelt waren.

Kaum hatte er die Gefahrenzone verlassen, schäumte hinter ihm das kochende Wasser wieder in die Höhe. Hjaldar zuckte nur kurz zusammen, dann eilte er mit festem Schritt zu uns herüber. Die Odûn müssen mit ihm gewesen sein und ihn beschützt haben – auch, wenn er kein Kind des Hochlands ist! Wir waren zu neugierig, um länger zu warten, und brachen eines der Siegel. In dem Krug fanden wir jedoch kein Geschmeide, sondern Dinge, die gut und gerne aus einem gewöhnlichen Haushalt stammen konnten. Ein Halsring war dabei, eine Fibel in Form eines Fisches, zwei Trinkhörner mit eigenartigen Schnitzmustern und ein gut geschmiedeter Dolch, der inzwischen genau wie die anderen Gegenstände dunkel angelaufen war. Auch in den anderen Krügen fanden wir ähnliche kleine Schmuckstücke. Nach einem großen Schatz sah das nun nicht aus, aber zweifellos waren diese Gegenstände sehr alt. Das konnten wir alle deutlich erkennen. Schwarzaxt murmelte etwas davon, dass wir wohl gerade Jurgas Aussteuer gefunden hätten. Aber er sah genauso zufrieden

aus wie die anderen Thorwaler. Denn obwohl der Krug keine großen Reichtümer enthielt, so war sein Inhalt allein aufgrund seines Alters wertvoll. Einige uralte Runenzeichen auf den Tonkrügen und dem Dolch überzeugten die Thorwaler davon, dass diese Krüge wirklich von ihrer Jurga stammten.

Wir beeilten uns nun, zurück zu unserem Boot zu kommen. Swanhild schüttelte den Kopf darüber, dass die Schatzsuche sich am Ende als erstaunlich leicht erwiesen hatte.

Vielleicht hätte sie das besser nicht sagen sollen, denn gerade als wir ins Boot steigen wollten, erlebten wir eine böse Überraschung. Schwarzaxts Piraten hatten uns einen Hinterhalt gestellt. Sie waren uns zahlenmäßig so weit überlegen, dass uns nicht mal Swanhilds Zauberei viel genützt hätte.

Ich verfluchte die Schwefeldämpfe. Nur so hatte mir ihre Anwesenheit entgehen können.

Schwarzaxt lachte uns aus. Er klopfte Amud mit offenkundig übertriebenem Mitleid auf die Schulter und sprach die Worte: »Mach dir nichts draus, Schnuckelchen.«

Dann nahm er mir seine Waffen wieder ab, während seine Schergen mit den Klingen an unseren Kehlen die Herausgabe der Krüge erzwangen. »Ihr habt immerhin einen kleinen Sieg errungen. Aber der Unterschied zwischen meinen Leuten und euch ist, dass meine wissen, was damals in Neetha passiert ist. Und nicht jeder hat immer einen Olporter Windrufer an Bord.« Er bedachte Swanhild mit einem vielsagenden Zwinkern. »Auch die Magie der Hexen kann äußerst nützlich sein.«

Dann drückte er einem jungen Piraten, der eine Krähe auf seiner Schulter sitzen hatte, einen schmatzenden Kuss auf die Wange. Wenn das der Rabenvogel war, den Frenjadurs Leute erspäht hatten, erklärte es, wie die Piraten uns schon nach wenigen Stunden gefunden hatten. Ihr Drachenboot muss in einer versteckten Bucht der Insel gelegen haben.

Wir alle erwarteten, dass wir mit an Bord genommen würden, aber Schwarzaxt hieß uns plötzlich, stehen zu bleiben. »Wisst ihr was?«, verkündete er, »es war ja auch irgendwie unterhaltsam mit euch. Wir haben den Schatz ja gemeinsam gehoben, dann sollt ihr auch was davon haben.«

Er griff mit jeder Hand in einen Krug hinein, behielt die Hände dann aber hinter dem Rücken. »Hier, Glückskind!« Er schenkte Hjaldar ein abfälliges Grinsen. »Entscheide dich für ein Mitbringsel.«

Hjaldar warf einen ratlosen Blick zu uns anderen. Dann deutete er auf Schwarzaxts linke Hand. Der zog das stachelige Gehäuse einer Seeschnecke hinter seinem Rücken hervor. Das warf er Hjaldar zu, der die Muschel geschickt auffing.

»Ach, und weil ihr doch ganz passable Gegner wart, lasse ich euch hier nicht einfach verrecken«, verkündete die Plage der Olportsteine gut gelaunt. »Ihr dürft euren kleinen Kahn behalten. Dann habt ihr zumindest eine geringe Aussicht darauf, lebend zurückzukommen, wenn ihr es durch den Nebel schafft. Ich hoffe nur, euer Glück ist dann besser als …« Er deutete auf das Schneckenhaus in Hjaldars Hand.

Nur wenig später verklang das volltönende Gelächter der Piraten in der Ferne. Der Nebel verzerrte ihre Stimmen, sodass das Geräusch nach wenigen Augenblicken eher nach einem unheilvollen Raunen klang. Doch irgendwann verklang auch dieser Ton, genau wie ihre Ruderschläge.

Wir liefen zu unserem Boot zurück und ruderten abwechselnd, doch wussten wir im Nebel keine Richtung einzuschlagen.

Irgendwann brach die Nacht herein und wir hatten noch keinen Ausweg aus dem Dunst gefunden. Die Insel Inirk war inzwischen längst hinter uns im Grau versunken und wir sahen nirgends Land. Unsere Vorräte reichten höchsten für wenige Tage.

Obwohl die Thorwaler sonst ein gesprächiges Volk zu sein scheinen, hatte seit Stunden niemand ein Wort gesprochen. Anfangs hatte Amud versucht, die anderen aufzuheitern, aber niemand ging auf seinen Zuspruch ein. Hjaldar sah besonders elend aus. Keiner von uns sagte ein Wort, aber er spürte, was wir alle dachten, nämlich dass es mit seinem angeblichen Glück vielleicht doch nicht so weit her war, wie er selbst geglaubt hatte.

Doch als die Dunkelheit sich über das Meer legte, wurden wir Zeugen eines wundersamen Ereignisses. Die Meeresschnecke begann zu leuchten. Sie strahlte ein sanftes, grünlich-blaues Licht aus. Die Farbe erinnerte an einen sonnenbeschienenen Bergsee im Hochland.

Andächtig betrachteten wir alle das Schneckengehäuse. Woher es wohl stammte?

Allein die Tatsache, dass wir nun selbst in dunkelster Stunde ein wenig Licht besaßen, erquickte unsere ermatteten Geister und wir alle schöpften wieder Hoffnung.
Gegen die Müdigkeit, den Hunger, die Kälte, den Durst und die Langeweile kämpfte Amud mit einer Geschichte an. Anschließend mit noch einer. Und noch einer. So reisten wir, während wir in einem Boot durch den eisigen Nebel paddelten, mit ihm in den Süden zu Palästen mit Kuppeldächern, wo es fliegende Teppiche gab und Blumen, die schöner rochen als Amuds Seife. Auf diese Weise gelang es uns, drei volle Tage und Nächte auszuharren, bis uns ein Möwenschrei aus unserer Einsamkeit riss. Kurz darauf riss der Nebel auf und ein paar Stunden später näherte sich uns ein Drachenboot. Diesmal waren es zum Glück keine Piraten, sondern die unverwüstliche Frenjadur mit ihrem Fiskdrakkar.
Nie war ich froher, eine Thorwalerin zu sehen, als in diesem Augenblick.
Während wir orientierungslos um unser Leben gepaddelt hatten, hatte sie uns am Rande des Nebels gesucht und auch nach drei Tagen noch nicht aufgegeben. Welch' Zufall, dass wir einander nun doch wiedergefunden hatten. Das stellte nicht nur unseren, sondern auch Hjaldars Glauben an sein Glück wieder her.
Er zeigte Frenjadur das geheimnisvolle Schneckenhaus, doch auch sie gestand, dass sie so ein Objekt noch nie gesehen hatte. Die Schnecke leuchtete zuverlässig jede Nacht und auch, wenn man sie ins Dunkel hielt. Frenjadur schlug vor, uns nach Thorwal zu bringen, um sie dort dem obersten

Diar zu zeigen. Was genau ein Diar ist, weiß ich nicht, aber es muss sich wohl um den Dûn-Brenoch-Dûn der Thorwaler handeln, der Zwanfir dient. Ich versuchte schon gar nicht mehr, die Thorwaler vor Zwanfir zu warnen. Ebenso gut könnte man die See bitten, auszutrocknen.

Aber alles in allem sind die Thorwaler keine schlechten Leute, zumindest nicht alle von ihnen. Wenn man sich erst einmal daran gewöhnt hat, dass sie völlig verschroben sind, kann man mit ihnen gut auskommen.

Soweit ich es verstanden habe, war der Diar namens Ôle Swafgardsson von dem Schneckengehäuse sehr angetan. Als meine Freunde aus dem Tempel kamen, berichteten sie mir, dass der Diar in der Schnecke ein Ding von großem Wert sah, das einmal einen großen Nutzen für Thorwal und vielleicht den ganzen Norden haben würde. Also hatte sich unsere Suche am Ende wohl doch gelohnt.

Ich kann das nur vom Hörensagen berichten, denn ich setze freiwillig keinen Fuß in Zwanfirs Maul, bevor meine Zeit gekommen ist. Die natürliche Ordnung der Dinge muss schließlich gewahrt bleiben!

Wie ich Thorwal verließ und weiter mit Amud zum Tal des Blutes reiste, um meinem liebgewonnenen Freund seinen Lebenstraum zu erfüllen, ist eine andere Geschichte für einen anderen Abend.

—erlauscht an einem Lagerfeuer im Haerad Mortakh

Anhang

Glossar

Arkos Schah II.: König von Aranien und berühmter Krieger

Auriler: Kleinstadt an der Küste, südwestlich von Olport

Beni Nurbad: tulamidischstämmige Vorfahren der Gjalsker

Brendhil: Dorf auf der *Insel Manrek*

Delphin: heiliges Tier des Meeresgottes Efferd

Enqui: Stadt im Svellt-Delta

Enskar: Kleinstadt an der Küste östlich von Olport

Garethi: Sprache des Mittelreichs, häufig genutzte Verkehrssprache

Gehörn (Sternbild): Sternbild am Nordhimmel

Geweihter: Diener der Götter, die eine Weihe empfangen haben

Haimamud: Geschichtenerzähler (Tulamidisch)

Hesindedispute: Zusammentreffen von Magiern und Gelehrten aus ganz Aventurien, die während der Wintermonate in der Schule der Hellsicht in Thorwal über Forschung und Philosophie diskutieren

Hjaldinggolf: Golf im Herzen Thorwals

Ifirn: im Glauben der Thorwaler eine milde Göttin des Winters; im Zwölfgötterglauben eine Halbgöttin, die aus einer Verbindung Firuns mit einer Sterblichen hervorging

Ifirnshai: Raubfisch, der gelegentlich Jagd auf Delphine macht und in Thorwaler Gewässern bejagt wird

Insel Manrek: südlichste Insel der Olportsteine

JL: »Jurgas Landung«, Thorwaler Zeitrechnung. Das Jahr 2670 JL entspricht dem Jahr 1042 BF (nach Bosparans Fall).

Jurga: Jurga Tjalfsdottir, legendäre Ahnfrau des Thorwalervolks

Jurgas Otta (Sternbild): thorwalsche Bezeichnung für das Sternbild *Nachen* am Südhimmel

Krug Premer: gemeint ist ein Krug Premer Feuer, ein beliebter Schnaps

Langmähne: robuste Ponyrasse, die in Thorwal gezüchtet wird

Ogerkreuz (Sternbild): Sternbild am Nordhimmel

Olportsteine: Inselgruppe im äußersten Nordwesten Aventuriens

Overthorn: Kleinstadt am *Hjaldinggolf*

Premer Feuer: hochprozentiger Rübenschnaps aus Thorwal, kurz auch nur »Premer« oder »Feuer« genannt

Rotbrannt: *Premer Feuer*

Salzatran: sirupartiger Honigschnaps

Sieben Winde: namensgebende Winde für das Meer der Sieben Winde

Sieben Sauf: Trinkspiel

Stableite: Abschlussprüfung an der Runajasko

Swafnir: thorwalscher Gott der Seefahrt, Gottwal; im Zwölfgötterglauben ein Sohn Rondras und Efferds

Swafnirtag: Tag des Wassers am 1. Efferd, einer der wichtigsten Feiertage in Thorwal

Tag der Heimkehr: wichtiger thorwalscher Feiertag im Travia, Familienfest; Schiffe werden an diesem Tag winterfest gemacht

Valpo, Kaiser: ehemaliger Kaiser des Mittelreichs, der gern und viel dem Alkohol zusprach

Varnheim: Dorf nördlich von Thorwal

Wal (Sternbild): wird außerhalb Thorwals als Delphin und Sternbild des Gottes Efferd gedeutet; drittes Sternbild im Zwölfkreis

Gjalskische Begriffe

Amanma Rudh: legendäre Festungsanlage und Heiligtum *Zwanfirs*

Bakka: Tierklauenwaffe der *Durro-Dûn*

Bhalur: Nebel

Brancha-Dûn: Schamanin der Gjalsker (Singular, feminin)

Branndori: ritualisierter Kampf zur Streitschlichtung, Fehde

Brenchi-Dûn: Schamanen der Gjalsker (Plural)

Brenna-Gon: Mammut

Brenoch-Dûn: Schamane der Gjalsker (Singular, maskulin)

Calyach'an Mochûla: Verkörperung des Bösen im Glauben der Gjalsker

Cren-Barrach: Kinder des Hochlands; der Name, den sich die Gjalsker selbst geben

Dûn-Brenoch-Dûn: oberster Schamane eines *Haerad*

Dûnthyr: Geisterwelt im Gjalskerglauben

Durro-Dûn: Tierkrieger

Durro-Torrak-Dûn: Wildschweintierkrieger

Eudach: ein wollener Rock der Gjalsker

gS: »nach der großen Schlacht«, Gjalsker Zeitrechnung. Das Jahr der Gjalsker besteht aus 13 Monden mit je 28 Tagen, insgesamt also 364 Tagen. Das Jahr 2419 gS entspricht einem Zeitraum, der im Jahr 1041 BF beginnt und 1042 BF endet. Das Jahr 1042 BF hingegen entspricht einem Zeitraum, der nach der Gjalsker Zeitrechung mit dem 2. Tag der Welke im Göttermond (10. Mond des Kalenders) 2418 gS beginnt und mit dem 2. Tag der Welke im Göttermond 2419 gS endet.

Haerad, Haeradi (Pl.): befestigte Siedlung der Gjalsker
Herzensbund: Ehebund der Gjalsker
Krallessa: Reifeprüfung der Gjalsker
Mortakh: eine der ältesten Siedlungen im Gjalskerland, das *Haerad* an der Mündung des Flusses Linn in die Gjalska
Natûru-Gon: Hauptgott und Beschützer der Gjalsker in Gestalt eines weißen Mammuts
Odûn: machtvoller Tiergeist, ein Schutzpatron der *Durro-Dûn*
Palenkel: traditionelle gjalskische Kraftspiele
Sindarra: Göttin der Weisheit und Magie und Hüterin der Ahnen im Gjalsker Pantheon, symbolisiert durch eine Schlange
Torrak: Wildschwein
Yalding: Anführer eines Haerad
Yurrga: Göttin der Heilkunde und Beschützerin der Reisenden im Gjalsker Pantheon
Zwanfir: Totengott der Gjalsker, siehe auch *Swafnir*

Thorwalsche Begriffe

Blotgrimma-Halla: Trophäenhalle der *Hvalur-Halla*, des Olporter Swafnirtempels

Diar: thorwalsches Wort für *Geweihte*

Drakkenhalla: Halle der Schiffsbaumeister der *Runajasko*

Fiskdrakkar: Frenjadur Maradasdottirs Schiff

Friedlose: aus der thorwalschen Gemeinschaft ausgestoßene Verbrecher

Gandkona: Adepta

Gandmerki: Magiersiegel

Gandsmider, Gandsmidra: Magus, Maga (Magier, Magierin)

Godi: thorwalscher Seher, der das Schicksal aus Runen, Vogelflug oder Träumen zu deuten vermag

Hamsbitari: Hautbildstecher

Herferder: Heerfahrer

Hjaldingstadt: Hjaldingstadt Thorwal, Hauptstadt der gleichnamigen Region Aventuriens

Hranngar: riesenhafte Gottschlange, Verkörperung des Bösen im thorwalschen Glauben

Hrunja und Hrunir: göttliche Windgeschöpfe und Weisheitsbringer

Hvalur-Halla: Swafnirtempel in Olport

Ifirns Milde: Wintersonnenwende

Ifirns Töchter: siehe *Runjas*

Imman: beliebtes thorwalsches Mannschaftspiel, auch Esche und Kork genannt

Jolskrim, Jolskrimi (Pl.): thorwalsches Wort für die thorwalschen Langhäuser

Meistari: Magister

Ögnir: im Glauben der Thorwaler ein halbgöttliches Wesen, Säer von Zwietracht und gleichzeitig Versöhner; Sohn Swafnirs mit einer sterblichen Zauberkundigen

Ottajasko: Schiffsgemeinschaft der Thorwaler

Ottaskin: meist umfriedete Heimat einer *Ottajasko*

Quarawarnach: Wind- und Waldgeist

Rekker: thorwalsches Wort für Krieger

Runajasko: sehr auf thorwalsche Tradition bedachte Akademie, die Magie, Schiffsbau und Skaldenkunst in Olport lehrt; auch als Halle der Winde bekannt

Runjas: im Glauben der Thorwaler Geschöpfe Ifirns und Lenker des Schicksals

Skalden: thorwalsche Barden

Skolari: Scholaren

Skolasystkin, Skolasystkini: Mitlernende an der *Runajasko*, wörtlich: Lerngeschwister (Singular, Plural)

Sumarblot: einer der wichtigsten Thorwalschen Feiertage

Verndunruna: Schutzrune der Runenschöpfer der *Runajasko*

Vexlinger: von Hranngarbrut übernommene und kontrollierte Menschen, die im Bereich der nördlichen Olportsteine umgehen

Der Jahreslauf

Der Jahreslauf der Thorwaler

Irdisch	Zwölfgötterglauben	Thorwaler
Juli	Praios	Midsonnmond
August	Rondra	Kornmond
September	Efferd	Heimamond
Oktober	Travia	Schlachtmond
November	Boron	Sturmmond
Dezember	Hesinde	Frostmond
Januar	Firun	Grimfrostmond
Februar	Tsa	Goimond
März	Phex	Friskenmond
April	Peraine	Eimond
Mai	Ingerimm	Faramond
Juni	Rahja	Vinmond
	Namenlose Tage	Hranngartage

Der Jahreslauf der Gjalsker

Die 13 Monde des Gjalsker Kalenders sind nicht eindeutig einem Monat zuzuordnen, da sich der Kalender mit jedem Jahr um einen Tag verschiebt. Ihre Reihenfolge ist dennoch unveränderlich:

Mond des Blutes
Siegesmond
Trauermond
Mond des Bundes
Mond des Schaffens
Mond des Sturms
Mond der Stille
Mond des Hungers
Mond der Jagd
Göttermond
Mond des Odûn
Mond der Niederkunft
Ahnenmond

Die Mondphasen werden in jedem Mond gleich benannt:

Mondphase	**Bezeichnung**
Neumond	Geburt
Zunehmender Mond	Blüte
Vollmond	Reife
Abnehmender Mond	Welke